Studien zur Hamburgischen Handelsgeschichte.

I.

Die

Hamburger Giro-Bank

und ihr Ausgang.

Von

Dr. Ernst Levy von Halle.

Berlin 1891.

Puttkammer & Mühlbrecht.

Buchhandlung für Staats- und Rechtswissenschaft.

Meinem hochverehrten Lehrer

Herrn Professor Dr. M. Sering

in aufrichtiger Ergebenheit

gewidmet.

Vorwort.

Der Zweck der vorliegenden Arbeit ist nicht, eine Geschichte der „Hamburger Bank“ von den Tagen ihrer Gründung an actenmäßig zu liefern, sondern dieselbe soll der Versuch einer Fortsetzung sein von Adolph Soetbeer's Buch: „Die Hamburger Bank 1619—1866“.[1])

Als Soetbeer, damals Handelskammersecretär in Hamburg, diese beiden Aufsätze schrieb, ahnte er nicht, wie bald die von ihm geschilderte Institution der Vergangenheit angehören würde und ließ daher manche Frage technischer Art unerörtert, da er dieselbe als hinlänglich allgemein bekannt annehmen konnte. Heute hat sich das naturgemäß geändert, und nicht nur bei jüngeren Leuten finden sich über die alte Bank eine Reihe irriger Vorstellungen, sondern auch den Zeitgenossen beginnt manche Einzelheit aus dem Gedächtnisse zu entschwinden. Es dürfte somit wohl an der Zeit sein, ein Bild der alten Einrichtung zu fixiren, solange die Möglichkeit vorhanden ist, die einzelnen Züge desselben nach den Erinnerungen

[1]) Dr. Adolph Soetbeer: Die Hamburger Bank 1619—1866, eine geschichtliche Skizze (aus: Volkswirthschaftliche Vierteljahresschrift). 1. Hälfte 1866, 2. Hälfte 1867.

derer zu ergänzen, welche ihr zur Zeit ihres Bestehens persönlich nahe gestanden haben. Demgegenüber erscheint der Uebelstand, daß gewisse Lücken in der Darstellung bestehen bleiben mußten, indem die Benutzung des amtlichen Actenmaterials aus so neuer Zeit im Archiv zu Hamburg nicht gestattet ist, von secundärer Bedeutung. Während nämlich eine Ergänzung nach der actenmäßigen Seite hin in absehbarer Zeit möglich sein wird, werden jene subjectiven Eindrücke und Urtheile, welche uns die Werthschätzung der Bank in den Augen ihrer Zeitgenossen erkennen lassen, wenn nicht heute niedergeschrieben — dauernd verloren gehen. Das aber erscheint als das Werthvollste derartiger nationalökonomischer Darstellung, eine wirthschaftliche Einrichtung, ihr Entstehen, Sein und ihren Untergang aus der Zeit- und Weltlage herauszuerklären.

Unzweifelhaft sind Darstellungen der Handels- und Verkehrsverhältnisse der älteren Zeit von unschätzbarem Werthe und sogar durchaus nothwendig, soweit sie Dinge behandeln, welche mittelbar oder unmittelbar in unsere Verhältnisse noch hinübergreifen, deren richtiges Verständniß häufig erst durch sie ermöglicht wird. Ob wir aber nicht ebenso Fruchtbares und einer späteren Zeit Nützliches liefern, wenn wir versuchen, die Zustände der Gegenwart oder jüngsten Vergangenheit zu behandeln, dürfte zweifelhaft sein. Momentphotographieen, mögen sie auch ein wenig verschwommen erscheinen und in der Perspective nicht tadellos, liefern in großer Anzahl im Tachoskop vereint uns ein Bild bewegten Lebens; ein Vorzug, der über einzelne Mängel gern hinwegsehen läßt.

Wenn daher E h r e n b e r g und andere neuere Forscher sich dem Studium der alten Zeit zuwenden zu müssen glauben, so soll die nachfolgende Studie die erste aus einer Reihe sein, welche die neuzeitlichen Handelsbeziehungen und Verkehrsverhältnisse Hamburgs darstellen wird.

Die Nationalökonomie des Handels ist noch immer das Stiefkind unserer deutschen, wissenschaftlichen Bearbeitung, und neben Soetbeer's dreibändigem Werk über Hamburgs Handel giebt es kaum irgendwo eine befriedigende Darstellung einschlägiger Verhältnisse. Der Grund dafür wird darin zu erblicken sein, daß weit mehr als bei Ackerbau und Industrie die Maschinerie des Handels complicirt und weitgreifend ist, indem dieser, mit jenen in innigster Wechselwirkung stehend, beide seinen Zwecken dienstbar macht — oder von ihnen bedingt wird. Daraus geht aber zugleich die Nothwendigkeit für unsere Volkswirthschaft hervor, sich mit dem überaus wichtigen Gegenstand umfassend zu beschäftigen. Dies würde vielleicht noch als weitere Folge eine Veränderung jener Anschauung nach sich ziehen, welche so vielfach in Deutschland (außer in Hamburg, Bremen und Lübeck natürlich) im „Kaufmann", einem Manne, „der einen Erwerbsberuf ausübt" gegenüber dem Landwirth, Industriellen, Beamten oder Officier einen Staatsbürger zweiter Klasse zu sehen liebt.

Bei der vorliegenden Arbeit, welche ich ursprünglich auf Veranlassung von Herrn Prof. Sering in Angriff genommen habe, ist mir im Leipziger staatswissenschaftlichen Seminar seitens der Herren Geheimrath Brentano und Privatdocent Dr. Lotz die weitgehendste und werthvollste Unterstützung zu Theil geworden. Ich sage ihnen hierfür meinen wärmsten Dank. Ebenso Herrn Dr. Baasch, Bibliothekar an der

Commerz-Bibliothek zu Hamburg, Herrn Senats-Secretär Dr. Hagedorn, welche mich durch Uebersendung der Drucksachen, sowie den Herren Lembcke, Hinrichsen und Eckstein, welche mich durch Ueberlassung von Materialien und mündliche Auskünfte in reichem Maße gefördert haben. Vor Allem aber sei endlich des Begründers unserer modernen Hamburger Handelsstatistik und Literatur gedacht, der mir mit Rath und That durchgreifend zur Seite gestanden, des Geh Regierungsraths Prof. Dr. Adolph Soetbeer in Göttingen.

Ein Theil der Arbeit, Kapitel 2 und 3, hat als Doctordissertation die Genehmigung der Philosophischen Facultät zu Leipzig erhalten.

Leipzig, im März 1891.

Inhalt.

Erstes Kapitel.

Die Entwicklung und das Wesen der Hamburger Bank vor Aufhebung der Bancovaluta.

A. Geschichtliches.[1])

Hamburg hat seine heutige Stellung als Welthandelsplatz dem Zusammenwirken einer ganzen Reihe von günstigen Umständen zu verdanken. Nicht allein die geographische Lage — nahe der Mündung eines der größten und weitest schiffbaren deutschen Ströme einerseits, und an einer der schmalsten Stellen des Landrückens zwischen Ost- und Nordsee andrerseits — hat die Stadt vor dem Verfall bewahrt, welchem mit dem Ausgang der Hansa die große Mehrzahl ihrer einst so mächtigen Genossinnen zum Opfer fiel: Die Bewohner haben durch richtiges Anpassen an die wirthschaftlichen und politischen Zeitströmungen, ein rechtes Diemittebewahren zwischen Fortschritt und Festhalten am Alten ihre Stadt zu dem gemacht, was sie heute ist, zu einem der bedeutendsten Handelsemporien der Erde.

Der Grund dafür, daß Hamburg am Ausgang des Mittelalters seine beiden bisher überlegenen Rivalen, Lübeck und Bremen, in's Hintertreffen zu drängen verstand, liegt Lübeck gegenüber darin, daß die Ostsee, neben dem Mittelländischen Meere die wichtigste Weltwasserstraße des Mittelalters, nach der Entdeckung Amerikas

---

[1]) Die Darstellung bis zum Jahre 1846 beruht nicht auf eigner Forschung, sondern den Schriften von Klefeker, Büsch, Soetbeer, Pehmöller, Savary, Asher zu Adam Smith, Nasse und einem Manuscript des Bankbürgers, späteren Senators Kirchhoff aus dem Jahre 1795. (Das Original zu letzterem befindet sich im Hamburger Staatsarchiv.) S. Anlage III.

diesen Vorrang an den Atlantischen Ocean abtreten mußte. In Bremen hemmte andererseits das Princip strengster Abschließung gegen alles Fremde, alle Neuerungen eine rechtzeitige Fortentwickelung unter den veränderten Welthandelsverhältnissen.

Hamburg hat im entscheidenden Augenblick seine Thore nach außen hin geöffnet und in den während der Niederländischen Kriege namentlich aus Antwerpen zuströmenden Emigranten, ferner durch die Aufnahme der englischen adventurers, der von der Inquisition aus Spanien und Portugal vertriebenen Juden und der industriellen Menoniten seinem Gemeinwesen eine Reihe tüchtiger, handelskundiger und erfahrener Arbeitskräfte zugeführt. Sie alle waren es, welche durch frische, befruchtende Ideen, Verpflanzung neuer Handelszweige aus dem commerciell weit vorgeschrittenen Vaterlande, der ganzen Maschinerie im richtigen Augenblicke einen lebhaften Impuls gaben und somit in reichem Maße den Dank für die gewährte Gastfreundschaft erstatteten.

Gegenstand der nachfolgenden Betrachtungen soll eine jener Institutionen sein, welche die Neuhinzugezogenen in den Hamburger Verkehr nach vaterländischem Muster hinüberbrachten: die Hamburger Bank. —

Infolge der allerorts gleichzeitig eintretenden Münzverschlechterung war im Jahre 1609 in Amsterdam ein Institut unter dem Namen „Amsterdamer Wechselbank" in's Leben gerufen worden mit dem Zweck, die dortige Kaufmannschaft von den Schwierigkeiten für den Handel unabhängig zu machen, welche in den unaufhörlichen Werthschwankungen der verschiedenen Münzsorten beruhten. Das wurde dadurch erreicht, daß in eine gemeinschaftliche Casse ein Fonds vollwichtiger Münzen eingelegt wurde, welche sodann die betheiligten Kaufleute unter einander, bis zur Höhe ihrer jeweiligen Guthaben durch sogen. Assignation übertrugen. Die Einrichtung hatte zuerst in Amsterdam lebhaften Widerstand wachgerufen, durch ihre augenscheinliche Nützlichkeit indessen alle Bedenken zu überwinden verstanden und war nach langen Kämpfen im Jahre 1609 gesetzlich anerkannt.[2]) Am 31. Januar dieses Jahres wurde sie durch ein Monopol geschützt, welches die Zahlung aller Wechsel über 300 Gulden bei ihr verordnete und die Inhaber von Guthaben gegen eine Beschlagnahmung dieser privilegirte.

[2]) Ueber die Bank von Amsterdam vgl. Soetbeer, Hamburger Bank, S. 23—26. Nasse im Hndwb. d. Staatsw. Bd. II, S. 51 u. 52.

Die engen Beziehungen zwischen den in Hamburg ansässigen Niederländern und jenen in der alten Heimath brachten bald an die Elbe von der Amsterdamer Einrichtung Kunde, und wenige Jahre darauf wurde in Hamburg eine ähnliche in's Leben gerufen.

Im Jahre 1615 stellte der Rath bei der erbgesessenen Bürgerschaft einen Antrag, „diese gegründete Bank gegen Feuer- und Stehlensgefahr unter dieser Stadt Siegel durch einen öffentlichen Anschlag zu verpflichten".[3]) Die erbgesessene Bürgerschaft, in deren Mitte die neuen Ankömmlinge weder Sitz noch Stimme hatten, erklärte sich mit der Einrichtung einer Bank durchaus nicht einverstanden und lehnte den Senatsantrag mit dem Begehren ab, dieselbe wieder abzuschaffen. Die Verhandlungen schwebten von 1615—1619, wo endlich innerhalb der Bürgerschaft eine bessere Einsicht Platz griff, als der Rath darauf hinwies, daß ein neu erlassenes Münzmandat am besten unter Mitwirkung der Controle der Bank werde durchgeführt werden können.

Die Bank wurde bewilligt und zu ihrer Verwaltung ein Mitglied des Rathes und zwei Personen aus der Bürgerschaft eingesetzt.[4]) Dieselben hatten die Bank zu verwalten nach Maßgabe des Banco-Mandats vom 20. Februar 1619,[5]) dessen Hauptbestimmungen sind:

1. Die Stadt haftet für allen Schaden, der bei der Bank durch Feuer oder Diebstahl entsteht.
2. Alle über 400 ℳ Lübisch-Courant lautenden Wechsel müssen in der Bank bezahlt werden; Anweisungen auf Geld außerhalb der Bank sind verboten.
3. Der Bankfonds besteht aus Species, anderen Geldsorten, Stadtmünze und fremdem, ungemünztem Gold und Silber, deren Werth dem Einbringer gutgeschrieben wird.
4. Die Bank ist stets verpflichtet, jederzeit jedem Interessenten sein volles Guthaben auszuzahlen.

---

[3]) Der Hauptvorkämpfer für die Errichtung der Bank war der damalige Bürgermeister Arnold Beckmann.

[4]) Sie wurden von den Oberalten, den Börsenältesten und acht Männern erwählt. Am 11. August 1658 wurde ein dritter Bürger, am 18. April 1695 zwei Oberalten, durch das Bankreglement von 1699 ein vierter und fünfter Bankbürger hinzugefügt. Durch das Reglement von 1712 wurde die Verwaltung definitiv geregelt (Anlage II u. III).

[5]) S. Anlage Nr. II.

Durch ein zweites Mandat vom 20. November desselben Jahres wurde mit der Wechselbanco eine Lehnbanco verbunden, welche auf Pfänder an Gold, Silber, später auch Juwelen bis zu 75 % des Taxwerthes gegen einen Zins von $6^1/_4$ % pro anno beleihen sollte.

Werfen wir einen kurzen Blick auf die Zustände des Münzwesens, welche die Ursache für die soeben geschilderte Gründung bildeten. Im Reiche war seit einiger Zeit eine fortwährende Verschlechterung der kleinen, coursirenden Münze eingetreten. Der Thaler, welcher im Jahre 1609 in Hamburg 33 ß gegolten hatte, wurde durch das Mandat vom 9. Februar 1616 auf 40 ß festgestellt, „unter Androhung der Confiscation der Münzen und bei sonstiger Strafe an Leib und Gut für denjenigen, welcher sich des hochstrafbaren Auswechselns, Ausführens, insbesondere aber des Austragens, oder Auskippens, Zerbrechens oder Zermünzens der tauglichen Reichsmünze und des Wiederheranschleifs der geringeren, untauglichen, bisher hier ungewöhnlichen Münzsorten nicht gänzlich entäußern oder enthalten sollte". Nichtsdestoweniger stieg der Cours bis zum November 1618 auf 44 ß. Die Folgen dieser Vorgänge wurden in einer Vorstellung der Börsenalten und der Kaufleute an den Rath dahin gekennzeichnet, daß die Wechselcourse in enormem Steigen begriffen seien. Früher habe man auf Frankfurt zu 32 ß Lübisch 34 Kreuzer, auf Amsterdam zu 32 ß Lübisch 46 Stüber gewechselt; jetzt müsse man mit 32 Kreuzern und 39 Stübern vorlieb nehmen; wenn nicht Abhilfe komme, würde der Waarenhandel und das Wechselgeschäft aus Hamburg vertrieben werden.[6])

---

[6]) Für die Bank von Amsterdam schildert Adam Smith die identischen Vorgänge wie folgt: „Die Kaufleute konnten bei allem Ueberfluß an Umlaufsgeld nicht so viel gute Münzsorten auftreiben, um damit ihre Wechsel zu bezahlen, und der Werth dieser Wechsel wurde, aller Vorkehrungen ungeachtet, sehr ungewiß. Diesem Uebel abzuhelfen, wurde im Jahre 1609, unter Gewährleistung der Stadt, eine Bank gegründet. Diese Bank nahm nicht nur fremde Münze, sondern auch die leichte, abgenutzte Landesmünze, beide nach dem wahren inneren Werth, an, den sie nach dem Münzfuß des Landes haben sollten, jedoch nach Abzug dessen, was die Prägungs- und Verwaltungskosten betrugen. Für den Werth, der nach Abzug dieser wenigen Kosten übrig blieb, gab die Bank einen Credit in ihren Büchern. Dieser Credit hieß Bankgeld, welches, da es die Münze genau und nach dem gesetzlichen Gehalte vorstellte, ebensoviel Werth, als diese, und mehr inneren Werth hatte, als das umlaufende Geld".

Die Wirksamkeit der neuen Bank in der Folgezeit eingehend zu behandeln, ist hier nicht die Absicht; es sei auf die Schriften **Klefekers**,[7] **Büschs** und **Soetbeers** verwiesen.

Dadurch, daß sie eine bestimmte Norm für die aufzunehmenden Silbermünzen aufstellte, wurde sie ein Hort des Münzwesens; bald gewann der von ihr gerechnete Münzfuß gegenüber dem sich andauernd verschlechternden Courantgeld ein beträchtliches Agio, und ihr gleichbleibender Satz für die anzunehmenden Münzen bildete einen festen Maßstab allen Münzwesens. In den 150 Jahren, welche bis zur Einführung der sogen. „Bancovaluta", des charakteristischsten Merkmals der Hamburger Bank, verflossen, hat die letztere mancherlei wechselvolle Schicksale durchgemacht.

Infolge ungeschickter Geschäftsführung bei Belehnungen,[8]) gewährte Blancocredite 2c. hat die Bank mehrfach vor dem Untergang gestanden, und in den Jahren 1672, 1734, 1755 und 1766 wurde sie nur dadurch vor diesem Schicksal bewahrt, daß sie durch Decret des Senats für alle Herausnahmen geschlossen wurde, außer solche zum Zweck der Bezahlung von Zöllen und Schossen.

Sehr interessant ist ein von **Soetbeer** erwähntes Project aus den auf 1755 folgenden Jahren; es wurde vorgeschlagen, die Bank zu befugen, gute Wechsel jederzeit zum festen Discont von 3% unter Garantie des Schadens durch die Admiralität anzunehmen. Ebenso sollte sie autorisirt werden, auf Waaren (Kaffee, Thee, Zucker, Juchten, Kalbleder, Sohlleder, allerhand Sorten Leinen, Bleche 2c.) sicheren Leuten gegen niedere Zinsen bis zur Höhe von $^2/_3$ des Werthes auf höchstens 6 Monate Vorschüsse zu geben. Die Vorschläge, welche nichts anderes bezweckten, als die Bank zu einem großen, Credithandel treibenden Institut im modernen Sinne umzugestalten, blieben ohne Consequenzen, und 1761 wurde die Bank wieder eröffnet.

Die Handelskrisis des Jahres 1763 — eine schwere Creditkrisis — griff sie in keiner Weise an. Aber andere Verhältnisse, welche sich im Laufe der Zeit entwickelt hatten, drohten wenige Jahre darauf ihrem Dasein ernstlich Gefahr, und nur durch die Einführung der gleich zu schildernden Reinsilber-Valuta vermochte sie sich zu retten.

Der Reichsmünzfuß, festgesetzt durch den Augsburger Reichsabschied von 1566, nahm als festen Satz den Reichsthaler an, von

---

[7]) Samml. d. Hamb. Ges. u. Verf. I. S. 499 ff.

[8]) Durch zu hohe Taxirung von Juwelen gingen z. B. in den Jahren 1694—1698 über 106 690 ℳBco verloren.

dem 8 Stück auf die Kölnische Mark Gewicht zum Feingehalt von 14 Loth 4 Gran gehen sollten, d. h. 9 Thaler auf die Mark fein Silber. Der Thaler mußte 2 Loth = 8920 Richtpfennigtheilen wiegen. Die Norm der Hamburger Bank war demgemäß 27 ℳ = 1 Mark Kölnisch fein. Als nun aber nach und nach die Thaler bis auf 7960 Richtpfennigtheile und 14 Loth Feingehalt herabsanken, während Hamburg nach wie vor reichsconstitutionsmäßig ausprägte, begann man diese Hamburger Thaler, soweit sie nicht in der Bank aufbewahrt wurden, einzuschmelzen, woraus Hamburg Veranlassung nahm, seine Ausprägung zu beschränken. Die Bank war nicht rechtzeitig durch Zurückweisung der leichteren Thaler energisch vorgegangen, so daß der Werth ihrer Valuta nur zu 28 ℳ 23 ß per Mark fein angenommen werden kann, insofern sie nämlich für die leichten Thaler 3 ℳ gutschrieb und demjenigen, der Guthaben herauszog, für je 3 ℳ möglichst nur leichte Thaler verabfolgte. Somit hatte sich die Bco-Währung um mehr als 5 % verschlechtert.

Die Bestrebung, aus der Bank die schweren Thaler durch große Geldentnahmen in den Schmelztiegel hinauszuziehen, sowie ein Abkommen des Senats mit Dänemark im Jahre 1765, wonach Hamburg bis zu $1^1/_2$ Millionen Mark Dänisch-Courant zur Aufrechterhaltung des dortigen Courses einwechseln sollte u. a. m., zwangen Senat und Bankverwaltung im Jahre 1766, die Bancocasse aufs Neue zu schließen. Die Wirkungen dieser Maßregeln waren die gleichen wie früher: starkes Schwanken der Geld- und Wechselcourse neben beträchtlicher Entwerthung der Bancovaluta. Zwei Jahre lang, bis zum 19. December 1768, blieb trotz energischer Vorstellungen der Commerzdeputation und Bankinteressenten[9]) die Casse geschlossen, und als sie wieder eröffnet wurde, kam es trotzdem zu keiner Beruhigung der Börse, welche ständig eine neue Schließung befürchten mußte, zumal mehrfach dem Staate auf bewilligte Contribution Vorschüsse gemacht waren, die nicht immer rechtzeitig zurückbezahlt wurden.

Man war allerseits bestrebt, helfend einzugreifen, wußte indeß nicht, wie dies anzufangen sei. So wurde von einer Seite vorgeschlagen, in der Bank auch Goldmünzen unter einem festen Pari gegenüber Silber anzunehmen.[10]) Auf den richtigen Ausweg wurde man aber erst durch eine zufällige Bemerkung des be-

---

[9]) Eingabe der Commerzdeputation v. 8. Juli 1766, 11. u. 12. Mai 1767, Vorstellung der Kaufleute v. 9. Nov. u. 9. Decbr. 1768.

[10]) Das Gold- und Silberpari schwankte in jener Zeit von $13^1/_2$ bis $13^1/_4$.

rühmten Kirchenbaumeisters Sonnin geführt, welcher eines Abends beim Glase Bier hinwarf „was doch die Chinesen für kluge Leute seien, welche sich an kein Gepräge kehrten, sondern alles Silber nur nach Gehalt und Gewicht nähmen". Sofort sahen alle Einsichtigen, hiermit sei der richtige Weg vorgezeichnet, und man verstand, dem Senat und den Oberalten klar zu machen, wie diese Maßregel durchzuführen sei, indem man die noch vorhandenen schweren Speciesthaler einschmelze. Als man jedoch mit dem gleichen Vorschlag an das Collegium der Sechziger (eine bürgerschaftliche Commission) herankam, wurde man mit großer Mehrheit abgewiesen, da es ganz unerhört erschien, die „schönen alten Speciesthaler" einschmelzen zu wollen. Allein den Bestrebungen des Bankcollegiums kam bald ein äußerer Umstand zu Hilfe: die Kammer (die Finanzverwaltung) gebrauchte Geld und beantragte zu dem Ziel eine allgemeine Contribution von $^1/_2$%. Die Hamburger Bürgerschaft ist nun niemals zur Bewilligung neuer Steuern und Umlagen besonders geneigt gewesen. Sie gab daher einem Vorschlag der Bankverwaltung den Vorzug, die sich bereit erklärte, unter Garantie der Admiralität und des Rathsweinkellers ein Capital von 2 000 000 ℳBco mit zweiprocentiger Verzinsung vorzustrecken — von welchem jährlich 50 000 ℳBco, sowie der jährliche Avanz der Bank zurückbezahlt werden sollten — unter der Bedingung, daß der Bankfonds verändert und anstatt der Speciesthaler ein für allemal feines Silber zur Grundlage genommen werden sollte; zu diesem Behufe dürften die unbrauchbaren Species eingeschmolzen werden. — Lieber schmolz man denn doch noch die „alten guten Speciesthaler" ein, als daß man eine Contribution bezahlte; somit erging am 18. Januar 1770 ein Raths- und Bürgerschluß, der die Vorschläge bestätigte und eine Werthrelation von 27 ℳ 10 ß eingehend und 27 ℳ 12 ß ausgehend für die Mark Kölnisch festsetzte.

Die neue Maßregel hatte anfänglich mit manchen Schwierigkeiten zu kämpfen und wäre auch wohl nicht zur Durchführung gelangt, da bei den herrschenden Coursverhältnissen niemand sich verstehn wollte, Barrensilber einzubringen. Da kam ein zweiter Zufall den besorgten Bankbürgern zu Hilfe.

Der dänische Minister Graf Schimmelmann wollte neue Ausmünzungen derart vornehmen, daß der dänische Thaler von der Hamburger Bank zu 3 ℳ angenommen wurde. Er ließ deshalb durch seinen Agenten 1000 Stück Species, wie sie in der Bank aus- und eingingen, besorgen. Durch einen merkwürdigen Zufall erhielt dieser einen gerade abgezählten Beutel mit Thalern von 8076 Richtpfennigtheilen ausgehändigt. Auf die Bestätigung hin, „dieses seien die in Banco üblichen Thaler", wanderte der mit dem Banksiegel verschlossene Beutel nach Dänemark, wo man mit den Ausprägungen nach dem schwereren Gewicht demnächst begann. Bald kam eine große Menge von $1^1/_2$% höherwerthigen Thalern in die Casse der Bank. Sowie man hier die Ursache erkannte, faßten die Bankbürger den entscheidenden Entschluß, die seit 1740 üblichen Minimal-Thaler-Gewichte durch neue von 8076 Richtpfennigtheilen zu ersetzen. Da nun das Thaler-Gewicht, wie alle die Geschäftsführung der Bank betreffenden Verhältnisse tiefes Geheimniß war, bemerkte das Publikum nur, daß plötzlich früher angenommene Thaler zurückgewiesen wurden und ließ sich bald durch die Erklärung beruhigen, daß nichts weiter, als eine geringe Correctur der alten Gewichte stattgefunden habe.

Durch solch' energisches Vorgehen des Bankcollegiums war die Bancovaluta auf den festen Satz von $27^3/_4$ ℬ für 1 Mark fein gebracht und dadurch die bisherige Schwierigkeit für das Heranziehen von Feinsilber beseitigt. Seit dem Mai des Jahres 1774 wurde das Einbringen von Barrensilber zur Regel, und 1780 gelang es, mit einer Stimme Mehrheit, die bisher alljährlich neu zu genehmigende Einrichtung definitiv durchzubringen. Im Jahre 1790 endlich wurde die Specieskasse ganz aufgehoben und der Fonds der Bank „künftig allein auf feines, 15 Loth 12 Grän bis 15 Loth 16 Grän haltendes Silber" basirt.[11]) Durch die Fundirung auf feines Silber hat die Bank gegen Ende des vorigen Jahrhunderts sich in der ganzen Welt den Ruf außerordentlicher und unwandelbarer Sicherheit erworben, und ihre Valuta ist namentlich in der Zeit von 1797—1819 resp. 1821 — der englischen Bankrestrictions-Periode, d. h. der Zeit, in welcher die Bank von England ihre Noteneinlösungen suspendirt hatte — der Maßstab und Standard aller Währungen, Wechsel- und Edelmetallpreise gewesen.

Ein furchtbarer Schlag für Hamburg war es, als in der Nacht vom 4. auf den 5. December 1813 auf Marschall Davousts Be-

[11]) In der Krisis von 1799 wurde das Reinsilberprincip auf kurze Zeit durch die, von der Commerzdeputation beantragte und vom Senat acceptirte Bestimmung unterbrochen, daß die Bank auf Gold bis zu 1 000 000 höchstens auf 3 Monate und zu 84 ß al Marco per Ducaten darleihen durfte.

fehl die Bank versiegelt, und bis zum 18. April 1814 ihr Gesammtfonds, in der Höhe von 7 506 956 ℳ 6 ß, successive herausgenommen wurde.[12]) (Wir vermögen uns nicht des bisher üblichen Ausdrucks „geraubt" zu bedienen, denn wie aus der angeführten Schrift hervorgeht, ist die Maßregel von dem Gouverneur, der Frankreich und seinem Kaiser gegenüber seine Pflicht zu thun hatte, erst angewandt worden, als ihm durchaus keine andere Hilfsquelle mehr blieb, die nöthigsten Ausgaben zu bestreiten, und wie Pehmöller zugeben muß, hat man von vornherein einen Ersatz zugesichert, welcher später in Form von 500 000 Frcs. Rente, d. h. 7 Frcs. Rente für je 100 ℳBco oder eine Verzinsung von ca. 3³/₄% geleistet wurde. Es erscheint mindestens zweifelhaft, ob ein andrer Feldherr in gleicher Lage anders handeln würde). —

Sogleich nach der Befreiung Hamburgs im Jahre 1814 erfolgte eine Bekanntmachung wegen Wiedereröffnung der Hamburger Bank. Die alten Conten wurden geschlossen und am 1. Juni jeder zu einem Conto in der Bank Berechtigte zur Eröffnung eines neuen, durch Einbringung von Feinsilber oder Zuschreibung in alter Weise, aufgefordert. Die Verwaltung wurde wiederhergestellt mit dem einzigen Unterschied, daß das sogen. Kornwesen der Stadt von der Bankverwaltung getrennt wurde, und an Belehnungen nur noch solche auf Piaster neben geringen Vorschüssen auf Kupfer zu Gunsten einiger benachbarten Kupfermühlen zulässig waren. —

Bis zum Jahre 1846 ereignete sich in der Folgezeit nichts wesentlich Neues oder Bemerkenswerthes. (Ueber die Höhe des Bankfonds s. Anlage IV.

---

[12]) Ueber die Vorgänge dabei vgl. die Aufzeichnungen des damaligen ältesten Bankbürgers C. N. Pehmöller, „Geschichtl. Darstellung der Ereignisse, welche — die Hamburger Bank betroffen haben"

Von der Vortrefflichkeit und Sorgfalt in der Verwaltung legt der Umstand Zeugniß ab, daß der benannten, effectiv vorhandenen Summe nur Guthaben der Banktheilnehmer mit 7 489 343 ℳ 12 ß gegenüberstanden. Der Bankfonds bestand aus 711 964 ℳ 11 ß in spanischen Piastern, 32 203 ℳ 6 ß in 2 ℳCrt.-Stücken und 8 ß-Stücken, die am 11. November, 170 Beuteln Piaster und 33 Beuteln holländ. Albertsthaler = 531 427 ℳ 10 ß, die am 13. November, 42 Beuteln Crt. = 20 912 ℳ 14 ß, die am 21. December und ferner 1884 Barren Silber von verschiedenem Gewicht zum Buchwerth von 6 170 513 ℳ 12 ß, welche successive vom 24. November 1813 bis 17. April 1814 herausgenommen wurden.

B. Die Einrichtungen der Bank.

Die Hamburger Bank war keine Bank im heutigen Sinne. Solche ist ein Institut, welches auf kaufmännische Weise Handel mit Credit treibt, während die Hamburger Bank niemals eigenen Handel getrieben hat, noch treiben durfte.[13]) Ihr Zweck war lediglich, der Kaufmannschaft als eine gemeinschaftliche Casse und Clearinghouse zu dienen.

Indem ein Theilnehmer durch Anweisung (Assignation) in den Büchern der Bank von seinem Guthaben an dieser Casse auf einen anderen Theilhaber eine beliebige Menge übertragen ließ, war er im Stande, diesem eine fällige Zahlung zu leisten, ohne den sonst nothwendigen Transport der Zahlungsmittel vornehmen zu müssen. Die Einrichtung bedeutete also für die Kaufmannschaft eine Ersparniß an Zeit und Transportkosten, sowie größere Sicherheit der Aufbewahrung ihres Besitzes, für die Allgemeinheit eine Verminderung der Münzabnutzung, die sonst durch das fortwährende Coursiren hervorgerufen wurde. —

Die Hamburger Bank war eine der vier großen sogen. Girobanken von Venedig, Amsterdam, Hamburg und Nürnberg.[14]) Nach

---

[13]) Dem widerspricht auch nicht die Thatsache, daß bis zur französischen Occupation die Bank verpflichtet war, ein öffentliches Kornmagazin aus den bei ihr lagernden Geldern zu erhalten (Samml. d. Hamb. Gesetze I, 590 f.), da die Kämmerei für allen aus dem Kornhandel entstehenden Schaden haftete, das Ganze also nicht etwa als ein Handelsgeschäft erscheint, sondern nur als eine aus Zweckmäßigkeitsgründen dem Bankcollegium übertragene Verwaltungsmaßregel.

[14]) Die Bank von Venedig, Banco di Rialto, ist 1587 gegründet und wurde bald nach der 1619 erfolgten Gründung des Banco-Giro wieder aufgehoben; letztere blieb bis zum Ende der Republik bestehen. Ueber die Gründung der Bank von Amsterdam s. S. 2; sie wurde im Jahre 1819 infolge von Mangel an Betheiligung aufgehoben. Die Bank von Nürnberg endlich ist zwei Jahre später als die Hamburger Bank nach dem Muster der drei übrigen im Jahre 1621 gegründet. Mit dem Sinken der Bedeutung Nürnbergs als Handelsplatz ging sie gleichfalls nieder und führte ein schattenhaftes Dasein bis zum Jahre 1827, wo sie mit der „Casse der Kaufmannschaft" vereinigt wurde.

(Vgl. hierzu: Klefeker, Gesetzsamml. Bd. I; ferner Nasse, im Handwörterbuch: Die Banken im Mittelalter und bis zum 17. Jahrhundert; Poschinger: Bankgesch. d. Königr. Bayern, 2. Lief.)

Welche Wichtigkeit man diesen Banken in früherer Zeit beimaß, zeigt der Umstand, daß Klefeker, Büsch u. A. m. kurzweg von den „vier Bankstädten" sprechen, und Münzen mit den vereinigten Abzeichen derselben geschlagen wurden.

dem Vorbild der zweitgenannten errichtet, hat sie in ihrer Wirksamkeit die Schwestern lange überdauert. Dafür lag der Grund nicht allein, wie häufig behauptet wurde, in der Vortrefflichkeit und Sicherheit ihrer Einrichtungen und Verwaltung, oder in der seit 1770 geltenden Reinsilber-Währung, sondern darin, daß die andauernd wachsende, commercielle Bedeutung der Stadt ihren Kaufleuten gestattete, auch in einer Zeit, wo die Nothwendigkeit der Benutzung der Bank und ihrer Währung bereits als eine Last empfunden wurde, ihre Handelsgegner zu zwingen, sich des alten Institutes weiter zu bedienen.

Eine Bank, welche lediglich dem Giro-Verkehr gewidmet war, hatte sie nur so lange ihre Berechtigung, als die gesammten Formen des Verkehrs einfach genug waren, um durch die Erleichterungen, welche der geschilderte Uebertragungsverkehr gewährte, eine genügend flüssige Circulation der Umlaufsmittel herbeizuführen. Die heutigen Banken haben mit völlig anderen Bedingungen des Verkehrs zu rechnen.

In alten Zeiten war der alleinige Vermittler des Waarenaustausches das Edelmetall, dem sich sodann, nicht viel älter als die Banken, der Wechsel hinzugesellte. Fonds im modernen Sinne gab es bis ins vorige Jahrhundert hinein nicht in großen Mengen, und noch die Hamburgischen Courszettel aus dem Anfang dieses Jahrhunderts zeigen nur eine ganz geringe Zahl von Effecten (Staatsschuldenpapiere 2c.), gegen welche, wie überhaupt gegen den ganzen Fondshandel, lange Zeit ein scharfes Vorurtheil herrschte.[15]) Die Geschäfte der Bankiers hatten sich im Wesentlichen auf das Disconto-Geschäft, Arbitrage, die Gewährung von Darlehen[16]) und

---

[15]) So erklärt Gädechens, der Chronist des Hamburgischen Handels im Anfang dieses Jahrhunderts, den aufkommenden Fondshandel für den Beginn des unausbleiblichen Ruins aller soliden Geschäfte und ruft nach gesetzlichen Maßregeln hiergegen. (Vgl. Manuscript in der Hbg. Comm. Bibl.)

[16]) Für Handelszwecke war lange Zeit in Hamburg nicht der nöthige Credit zu haben. Die Capitalisten waren vielfach der Ansicht, eine solide Geschäftsführung dürfe nicht mit fremdem Gelde arbeiten und führten deshalb ihr Vermögen lieber dem Grundbesitz — den Hypotheken — zu, soweit sie es nicht zu Discontogeschäften verwandten. Die Credite mußte der Kaufmann namentlich in England suchen: einer der Hauptgründe für den Umfang und die Wichtigkeit des englischen Geschäfts in Hamburg, das sich den Handel vermittelst des durch die gewährten Credite erlangten Einflusses auch nach vielen anderen Richtungen tributär zu machen wußte.

einige wenige financielle Transactionen mit der hamburgischen Regierung oder dem Norden beschränkt. Als dann in unserem Jahrhundert eine ungeahnte Menge neuer Werthrepräsentanten auf dem Markt erschien, wurden die handeltreibenden Völker naturgemäß dazu gedrängt, das Bankgeschäft in neuen Formen zu neuen Zwecken zu entwickeln.

Die bankmäßigen Geschäfte sind in Hamburg theils durch Bankiers,[17]) theils durch die sogen. Privatdisconteure — eine große Anzahl kleiner Capitalisten, Assecuranz-Gesellschaften, Sparcassen, die Bank mit ihrem eigenen Vermögen u. s. w. — und theils durch große Geldwechsler, welche aber auch andere Zweige des Bankgeschäfts betrieben, besorgt worden. —

Functionen der Bank.

Die Bank hatte für den Handelsstand eine dreifache Function; abgesehen von jener moralischen Wirkung, welche sie dadurch übte, daß ihr Ansehen nach außen hin dem ganzen Handel ein gewichtiges Relief verlieh:[18]) (Die Art ihrer Geschäftsführung nach innen soll — nach Geffcken — „indem ihre Grundsätze sich unmerklich in alles kaufmännische Thun und Treiben verwebten, jenen Abscheu vor Schwindelei, jenen Sinn für Solidität und Rechtlichkeit erzeugt haben, welcher die Hamburger Börse ausgezeichnet hätte.")

1. Sie emancipirte durch den gleichbleibenden Werth ihrer Währung von den Schwankungen und Gefahren, welche die Unordnung des älteren Münzwesens allerorts herbeiführte.
2. Als Depositorium befreite sie ihre Theilnehmer von den in der Aufbewahrung größerer Summen liegenden Unbequemlichkeiten.
3. Sie führte eine außerordentliche Ausbildung des Girowesens[19]) herbei; durch Umschreiben in den Büchern disponirten ihre Theilhaber in älterer Zrit beliebig über die Mengen der eingebrachten Speciesthaler.

Banco-Währung.

Später als die Reinsilber-Währung eingeführt wurde, änderte sich die Sache insofern, als nicht mehr durch Einbringung von Münzen

---

[17]) Das bei Weitem größte Geschäft war dasjenige von Salomon Heine, welches 1865 liquidirt wurde.

[18]) Vgl. hierzu: Rau, Volkswirthschaftslehre, § 285.

[19]) Vgl. über den Unterschied zwischen dem Hamburger Zahlungs-System und dem System der sogen. Check-Zahlungen Ad. Wagner bei Schönberg I S. 442/444. (2. Aufl.)

ein Guthaben direct fundirt werden konnte, sondern durch Einbringung von Reinsilber. Man mußte auf beliebige Weise herangeschafftes Silber zunächst dem hierfür angestellten „Wardein" zur Prüfung vorlegen; von ihm erhielt man dann einen „Wardirzettel", auf welchem der Feingehalt des vorgelegten Silbers bestätigt war. Mit demselben, der vom gleichen Tage datirt sein mußte, begab man sich zur Bank, ließ unter Assistenz eines Tags vorher benachrichtigten Bankbürgers und des Lehnbuchhalters das Silber in den Keller bringen und erhielt nun nach dem festen Satze von 27 ℳ 10 ß für eine Mark Kölnisch fein (später 27 ℳ 12 ß, seit 1868 $59^1/_3$ ℳ für 1 ℔ metrisch fein) den Betrag des „eingebrachten" Silbers auf sein Conto gutgeschrieben.

Die Mark Banco war also nichts Anderes, als ein bestimmter Gewichtstheil Reinsilber; jedoch haftete ihr die Eigenthümlichkeit an, daß nicht etwa jede entsprechende Menge Silber als eine Mark Banco gezahlt und empfangen werden konnte und mußte, sondern durch den Act des Einbringens in die Bank, des Abwägens vermittelst der amtlichen Bank-Gewichte und des Gutschreibens des erzielten Betrages wurde diese eigenthümliche Währung, wie man es nannte, „creirt". Gerade wie in Rom zur Erfüllung einer Zahlungsverbindlichkeit nach ältestem Recht es nicht genügte, etwa Erz zu geben, sondern hierzu die bestimmten Formalitäten der Anwesenheit von fünf Zeugen, des libripens mit der aënea libra etc. erforderlich waren, gerade so war zur Erfüllung der in Mark Banco lautenden Zahlungsverbindlichkeiten erforderlich, eine Uebertragung der, wie eben geschildert, creirten Mark Banco auf den Gläubiger in der Bank vorzunehmen, oder vornehmen zu lassen. Dasjenige also, was die Banco-Valuta von allen anderen Währungen unterschied, war, daß sie nicht in concreten Münzen gestaltet, durch ein staatliches Regal[20]) ihre Materialisation fand, sondern ihre Münzeinheit war lediglich eine Gewichtsmenge, welche durch die Einbringung in die Bank, sit venia verbo, eine geistige Prägung erhielt. Anstatt etwa für das eingebrachte Metall Banknoten auszugeben, eröffnete die Bank einen Credit in ihren Büchern; natürlich war daher die Banco-Valuta keine Währung des täglichen Verkehrs — diesem diente, wie schon der Name sagt, das Courantgeld —, sondern sie war eine Handels-Währung, benutzt von den Conteninhabern der Bank und ihren auswärtigen Geschäftsfreunden, im Hypothekengeschäft und bei einigen russischen, nordischen und hamburgischen Anleihen ꝛc.

---

[20]) S. die Definition der Münze S. 53.

Befugniß zur Banktheilhaberschaft.

Nach den ursprünglichen Bestimmungen konnten ein Conto bei der Bank und die damit verbundenen Vortheile nur diejenigen Kaufleute genießen, welche Hamburger Bürger waren, oder sich „hierüber mit dem Bankvorstand abgefunden hatten". Mäklern hingegen, Nicht-Hamburgern u. s. w. war nicht allein der Besitz eines Contos in der Bank untersagt, sondern es war auch verboten, daß die Banktheilhaber für solche Leute Transactionen vornehmen durften.[21]) (Vgl. Bankreglement, Art. 32, Anlage II.) Während die Bestimmung für die Mäkler officiell aufgehoben wurde, galt sie für Fremde nominell fort, wennschon sie thatsächlich jederzeit außer Acht gelassen wurde.[22]) Allmählich bildete sich sogar hierfür eine feste Praxis mit besonderen, unten zu besprechenden Rechtssätzen. Eine Reihe von Geldwechslern zog reiche Gewinne daraus, daß sie für ortsansässige und auswärtige Nichtconteninhaber gegen geringe Provision Bankzahlungen leisteten und empfingen, die officielle Bezeichnung war: X. oder Y. hat sein Conto unter N.N. —

Vor Einführung der Verordnung v. 23. Februar 1849, welche den Juden die Gleichberechtigung gewährte, war zur Führung eines Bankconto berechtigt:

1. Jeder Hamburgische Großbürger[23]) (das Großbürgerrecht kostete 750 ℳBco),
2. Die Bürgersöhne (für sie kostete das Großbürgerrecht 25 ℳBco),
3. Die Juden gegen Erlegung von ebenfalls 750 ℳBco an die Kammer (dadurch wurden sie zu sogen. Kämmereibürgern, d. h. Bankberechtigten),
4. Ihre Söhne (gegen 25 ℳBco),
5. Wittwen von Bankinteressenten und Bankberechtigten unter Beistand ihrer Curatoren.

   Zur Eröffnung eines Conto mußten alle diese Personen persönlich erscheinen resp. bei Frauen, welche nicht in der Bank erscheinen durften, der Consens eingeholt werden.
6. Assecuranzcompagnieen und Actiengesellschaften, welche ihre Statuten und Pläne einlieferten, wurden auf den persönlichen Consens der Directoren, Administratoren und Bevoll-

---

21) Vgl. Klefeker, Samml. Hamb. Mandate I, S. 250, ibid. S. 334.

22) Vgl. Pöhls Handelsrecht S. 321. Maklerordng. v. 1824, § 26 Neue Fall. Ordn. Art. 27, welche das Recht für Hiesige officiell anerkennt.

23) Klefeker, Mandate I, S. 250, Mandat v. 8. Januar 1669.

mächtigten hin zur Eröffnung von Conten zugelassen, sofern diejenigen, welche zum Abschreiben befugt wurden, bankberechtigt waren, andere anonyme Conten wurden nur durch besondere Senats-Conclusa ertheilt.

Eröffnung von Conten.

Ein Conto eröffnete man dadurch, daß man sich mit Bürgerbrief oder Kammerschein versehen zwischen 12 und 1 Uhr im Versammlungszimmer der Bankbürger meldete, sodann eine Quantität Silber einbrachte, oder sich eine Summe von einem anderen Conto übertragen ließ. (Das Einbringen von Silber geschah in der Regel nur durch die Bankiers, Geldwechsler und Edelmetallhändler). Hatte man ein Conto eröffnet, so konnte man über den auf ihm stehenden Betrag beliebig durch Herausnehmen, oder Uebertragen auf andere Conteninhaber, Ab- und Zuschreiben, disponiren, jedoch nicht in Summen unter 100 ℳBco, außer an einigen Tagen im December[24]); in späterer Zeit fiel diese Beschränkung fort.

Ab- und Zuschreiben.

Das Ab- und Zuschreiben wurde veranlaßt durch ein vom Conteninhaber, dem Bankbuchhalter persönlich, oder durch einen Bankprocuristen übergebenes Assignationsformular (Bankzettel), welches lautete:

> Die Herren und Bürger der Bank gelieben zu zahlen an X. Y. die Summe von N. ℳBco (in Buchstaben) und mir solche N. ℳBco von meiner Conto ...... Folio ..... abschreiben zu lassen; solches soll mir gute Zahlung sein.
>
> Hamburg, den ....
>
> (Unterschrift).

Das persönliche Erscheinen desjenigen, der abschreiben wollte, wurde unbedingt gefordert; Handschriften, Cheks ꝛc. nicht anerkannt. Ja, war einer der Bankinteressenten erkrankt und wollte eine Zahlung bewerkstelligen, so mußte seine Unterschrift durch einen eigens hierfür angestellten Bankdiener eingeholt werden. Nur einen Bankbevollmächtigten, Bankprocuristen zu ernennen, war gestattet. Das durfte aber nicht etwa jeder beliebige Procurist sein, sondern er wurde durch eine alljährlich zu erneuernde Vollmacht und Unterschrift im Bankbuch eigens bestellt.[25]) Frauen mußten sich unter allen Umständen eines Curators bedienen.

---

[24]) Bankreglement, Art. 26.

[25]) Ueber die Schwierigkeiten, mit welchen der für längere Zeit verreisende, oder verreiste Vollmachtgeber zu kämpfen hatte, s. Hamb. Handelsarchiv Nr. 376; und „Obliegenheiten der Bankbürger" unter: „Pflichten des fünften Bankbürgers."

Es erweckt den Anschein, als ob die streng formalistischen Anforderungen des persönlichen Erscheinens 2c. mannigfache Unzuträglichkeiten erzeugt hätten. Dem war aber, wie von unparteiischer Seite bestätigt wird, thatsächlich nicht so. Es haben sich kaum je Schwierigkeiten für den Verkehr mit der Bank nach dieser Richtung ergeben. Ihre Lage, in unmittelbarer Nähe der Börse, welche nicht nur der Kaufmann und sein Vertreter an jedem Geschäftstage aufsucht, sondern in Hamburg früher ganz allgemein auch der Richter, der Jurist, der Senator und der Privatier frequentirte, ließ niemanden innerhalb des kleinen Gemeinwesens die altgewohnte Mühe lästig empfinden.

Schluß der Conten.

Ein Bankconto erlosch

1. durch den Tod des Inhabers; die Erben mußten, um das Verfügungsrecht zu erhalten, besonders „zu Rath suppliciren", die Genehmigung wurde von den Bankbürgern zu Protocoll genommen, und darauf den Bankbuchhaltern entsprechende Anweisung ertheilt;
2. durch den Eintritt des Concurses. Der Saldo stand den Curatoren der Masse zur Verfügung, eine neue Conto wurde dem Falliten nicht vor völliger Abwicklung und Bezahlung der Schulden an die Bank eröffnet;
3. durch eine Erklärung der persönlich erschienenen Conteninhaber;
4. im Fall einer beabsichtigten Veränderung in der Firma 2c. Die alte Conto mußte geschlossen und eine neue eröffnet werden. —

Der Bankfonds.

Die Summe sämmtlicher Guthaben bildete den Bankfonds. Derselbe mußte stets intact vorhanden sein und bestand zunächst und hauptsächlich aus Barrensilber[26]) von dem angegebenen Gehalt und Gewicht. Am 7. August 1846 wurde in der Bestimmung der Werthberechnung eine Veränderung dahin verfügt, daß in Zukunft auch beim Einbringen das Silber mit 27 ℳ 12 ß berechnet und nur eine Gebühr von 1 ‰ abgezogen werden sollte (gegen $4^1/_2$ ‰ vorher). Durch Verordnung v. 9. November 1861 wurde die Gebühr nochmals auf $^1/_2$ ‰ erniedrigt.[27])

Belehnung.

Bis zum Jahre 1847 war neben Barrensilber nur die Einbringung spanischer Piaster in einer Minimalsumme von 15 000 ℳ Bco

[26]) Vgl. Hamb. Handelsarchiv Bd. I. Nr. 100.

[27]) Hamb. Handelsarchiv a. a. O. Nr. 375.

zur Belehnung gestattet. Im Juli 1847 und März 1848 wurde neben diesen eine analoge Belehnung von Preußischen Thalern, Species, silbernen 5 Frcs.-Stücken 2c. dauernd zugelassen, welche vorübergehend bereits 1842 und 1845 stattgefunden hatte.[28]) Endlich wurde nach Bekanntmachung der Bank-Administration vom 25. Juli 1854 Gold bis zur Höhe von 384 ℳBco für die Mark fein gegen 4 ß Zins per Mark und Monat unter gleichen Bedingungen, wie die Silbercontanten, zur Belehnung zugelassen. Aus diesen drei Factoren, Barrensilber, Silbercontanten und Goldmünzen und -barren hat sich der Bankfonds bis zur Aufhebung der Bancovaluta zusammengesetzt, wobei zu beachten ist, daß für die Belehnungen 1/5 der Höhe des Gesammtfonds als Maximalgrenze statuirt war.

Der Verkehr bei der Bank vollzog sich in der Art, daß es dem Conteninhaber freistand, werktäglich in der Zeit von 7—5 Uhr abzuschreiben; später nur bis 3 Uhr. In der Zeit nach 1 Uhr jedoch gegen Hinterlegung von 2 ß Crt. für jeden Bankzettel. Am folgenden Morgen konnte der Bankinteressent nachfragen lassen, was ihm am Tag zuvor gutgeschrieben sei, dieses indessen auch schon am gleichen Tage gegen Erlegung einer Gebühr erfahren.

Bis zum Jahre 1856 war es nicht gestattet, über die Tageseingänge sogleich zu disponiren, sondern dieselben mußten mindestens eine Nacht auf dem Conto gestanden haben; wie denn auch im Giro-Verkehr der Preußischen Bank ähnliche Bestimmungen galten. Die Concurrenz der Actienbanken, die englischen Mustern folgend von solchen Maßregeln absahen, zwang die Bank, ihrerseits gleichfalls den vorher für gänzlich unerläßlich und als Fundament für die Solidität der Bank geltenden Grundsatz aufzugeben. Seit dem Raths- und Bürgerschluß vom 4./8. Dezember jenes Jahres stand es frei, täglich das gesammte Guthaben beliebig zu disponiren.[29]) Auf eine Verfügung über die Höhe des Guthabens hinaus stand eine erhebliche Strafe (Contocorrent-Verkehr ausgeschlossen!).

Die Concurrenz der Banken brachte das fernere Gute, daß die alte Bank auch betreffs des bis dahin zum Mindesten nicht begünstigten Abschreibens für Dritte geeignete Anordnungen traf. Es wurde nämlich gestattet, mit dem Bankzettel zugleich einen bezügliche Angaben enthaltenden Nebenzettel, einzureichen resp. in

[28]) Vgl. Handelsarchiv a. a. O. Nr. 96.
[29]) Vgl. Handelsarchiv Nr. 99 a. a. O.

einem Kasten zu deponiren, aus welchem er Abends herausgenommen wurde, um dem Zahlungsempfänger bei der Nachfrage mit übergeben zu werden.[30]) In den 70er Jahren wurden sogen. Contrabücher eingeführt und hier die entsprechenden Vermerke gemacht.

Nicht gelang es im Jahre 1856 eine andere Maßregel zu Fall zu bringen, gegen welche bereits seit vielen Jahren sich in der öffentlichen Meinung eine lebhafte Strömung geltend gemacht hatte: die Geheimhaltung der Höhe des Bankfonds. Eine besondere Eigenthümlichkeit mittelalterlicher Geschäftsführung, eine gewisse Geheimnißkrämerei, hatte sich in der Bank in Bezug auf alle Vorgänge erhalten, und höchst ungern wurden über das Wesen der Geschäftsführung Mittheilungen veröffentlicht. Ein schwerer Eid band allen an der Ver-

Tabelle I. **Die Ham**

Jahr	Silbervorrath in Barren zu Anfang des Jahres	Belehnung auf Silbercontanten zu Anfang des Jahres	Belehnung auf Gold in Barren und Münze zu Anfang des Jahres	Belehnung auf Kupfer zu Anfang des Jahres	Summa des Bankfonds od. des Gesammt-Guthabens der Interessenten zu Anfang des Jahres
im Durchschnitt der Jahre	M.	M.	M.	M.	M.
1816 bis 1820	12 689 854	—	—	—	17 714 123
1821 „ 1825	14 983 500	—	—	—	19 225 635
1826 „ 1830	15 209 040	2 510 997	—	97 774	18 075 316
1831 „ 1835	12 761 675	3 551 484	—	60 379	16 909 954
1836 „ 1840	13 827 564	3 015 094	—	35 877	16 021 602
1841 „ 1845	20 633 376	1 812 190	—	15 908	22 567 840
1846 „ 1850	21 728 962	2 071 895	—	7 674	23 987 311
1851 „ 1855	21 101 052	2 628 143	148 806	—	23 986 733
1856 „ 1860	27 734 038	7 777 235	2 446 092	140 298	38 130 175
1861 „ 1865	16 019 936	5 042 558	742 368	71 774	21 876 636
1866 „ 1870	17 913 049	3 903 411	1 336 431	64 278	23 217 168
1871 „ 1875	23 377 006	1 310 041	3 202 152	39 554	27 928 753

[30]) Ein solcher Nebenzettel lautete: Am . . . . . sind an . . . . . per Bank gutgeschrieben . . . . . . ℔Bco für . . . .

(Unterschrift).

waltung Betheiligten für immer den Mund über die Geschehnisse in Banco.

Es scheint, daß man angenommen hat, die Niedrigkeit des in seiner Höhe stets weit überschätzten Fonds werde bei einer Veröffentlichung der Zahlen kritische Folgen haben; eine Befürchtung, welche sich in keiner Weise erfüllte, als man sich im Jahre 1865 dennoch zu dieser Maßregel entschloß. Es ist auch nicht einzusehen, weshalb für die Hamburger Bank andre Verhältnisse geherrscht haben sollten, als für irgend eine gutgeleitete Bank, welche statutenmäßig ihren Bestand allmonatlich veröffentlicht. Wir lassen nachstehend die Zahlen, soweit sie zugänglich sind, im Durchschnitt und in der Anlage in extenso folgen:[31])

burger Bank.

Höchster Stand des Bankfonds im Laufe des Jahres		Niedrigster Stand des Bankfonds im Laufe des Jahres		Gesammtumsatz im Jahre
ℳ	in 5jähriger Periode	ℳ	in 5jähriger Periode	ℳ
27 172 617	d. 16. Sept. 1819	11 616 633	d. 14. März 1816	—
24 870 663	d. 11. Jan. 1821	13 292 635	d. 24. Nov. 1825	—
23 018 199	d. 24. Juli 1828	12 271 067	d. 27. Aug. 1829	—
22 355 268	d. 18. „ 1833	12 075 342	d. 19. Jan. 1832	—
22 954 190	d. 13. Febr. 1840	12 981 690	d. 8. Dec. 1836	—
41 142 819	d. 22. Juni 1843	15 015 339	d. 23. Oct. 1845	—
41 035 965	d. 7. Dec. 1848	15 190 428	d. 28. Jan. 1847	—
34 805 484	d. 4. Mai 1854	17 382 552	d. 18. März 1852	—
86 603 456	d. 22. April 1858	15 947 802	d. 2. Juli 1857	2 500 761 710
29 309 181	d. 20. „ 1865	13 627 531	d. 8. Sept. 1864	2 450 650 811
36 625 690	d. 28. März 1867	15 862 766	d. 4. Jan. 1866	2 873 135 249
94 117 461	d. 17. Oct. 1872	10 242 896	d. 23. Dec. 1875	3 518 068 431

31) Die Zahlen sind nach der Werthrelation von 1 ℳ Bco = 1,50 Reichsmark umgerechnet. Vgl. Anlage IV.

C. Verwaltung und Personal der Bank.

Das Bankcollegium.

Die Verwaltung der Bank ruhte in den Händen der „Bankdeputation", vor dem Verwaltungsgesetz v. 15. Juli 1858 Bankcollegium genannt.[32]) Nach § 47 des Verwaltungsgesetzes bestand sie aus 2 Senatoren aus der Abtheilung für Handel und Gewerbe,[33]) einem bürgerlichen Mitglied der Finanzdeputation,[34]) 2 Commerzdeputirten und 5 Bankbürgern.[35]) Letztere wurden von der Bürgerschaft nach einem seitens der Bankdepution ohne Mitwirken ihrer Senatoren aufgestellten Auffsatz auf je 5 Jahre derart gewählt, daß jedes Jahr ein Mitglied austrat.[36]) Erforderniß zur Wählbarkeit war der Besitz eines selbstständigen Bankcontos. In den Händen der fünf Bankbürger lag die eigentliche Verwaltung der Bank. Die übrigen fünf Mitglieder der Deputation wurden nur bei wichtigen Berathungen, Abrechnungen, Bilanzen 2c. hinzugezogen.

Die Bankbürger.

Die Führung des Bankbürgeramts war, wie alle derartigen Funktionen in Hamburg, eine Ehrenstelle. Der alleinige Entgelt bestand in einem alljährlichen Festmahle der aktiven und gewesenen Bankbürger zu Anfang des Jahres. Ursprünglich war durch die Bankordnung von 1710 bestimmt, „daß hierfüro nicht mehr als 300 Mark jährlich in Rechnung passiret werden, und wer mehr verzehret und verschreibet, derselbe solches wieder erstatte".[37]) Da im

---

[32]) Vgl. Handelsarchiv Nr. 281 a. a. O.

[33]) Der Senat theilt sich in verschiedene Ressorts, von denen jedes einen bestimmten Wirkungskreis umfaßt.

[34]) Die Deputationen (Feuerkassen-Finanz-Deput., Deput. f. Handel u. Schifffahrt u. a. m.) sind eine besondere hamburgische Institution; sie sind zusammengesetzt aus Senatoren, Bürgerschaftsmitgliedern, bestimmten Beamtenkategorieen, Mitgliedern anderer Deputationen 2c., und haben einen Theil der administrativen Regierungsthätigkeit in Stadt und Staat wahrzunehmen.

[35]) Vor dem Verwaltungsgesetz 2 Herren des Raths, 2 Oberalten, 2 Kämmereibürger und 5 Bancobürger.

[36]) Vor der Einführung der neuen Verfassung waren die im Bankcollegium sitzenden Bankbürger von der Versammlung eines ehrbaren Kaufmanns aus einer Liste von 8 Namen erwählt, von denen 4 durch die Bankbürger und Commerzdeputation und 4 durch die Alt-Adjungirten vorgeschlagen wurden. Der ehrbare Kaufmann war zusammengesetzt aus allen in Hamburg ansässigen Großkaufleuten, Fabrikanten und Directoren der Actiengesellschaften (Bekanntmachung v. 26. April 1856).

[37]) Vgl. Anlage II Art. 34.

Laufe der Jahre die Preise für Lebensmittel erheblich stiegen, gab man diesem Satz später die Deutung, es seien Kölnische Mark gemeint, also 300 × 27³/₄ ℳBco = 12 487,50 Reichsmark.[38])

Die Bankbürger hatten sich täglich zwischen 12 und 1 Uhr in der Bank einzufinden und hier die laufenden Geschäfte zu erledigen. Unter allen Umständen mußte derjenige der vier jüngeren Bankbürger zugegen sein, welcher „die Woche hatte", d. h. in wöchentlichem Turnus den Empfang und die Ablieferung von Silber- und Goldbarren und Contanten zu leiten hatte.

Sie mußten ferner in älterer Zeit an denjenigen Versammlungen der Bürgerschaft mit Ausnahme des Präses officiell theilnehmen, in welchen Angelegenheiten der Bank berathen wurden; sie waren als Bankbürger conventsberechtigt. Nach der neuen Verfassung sandten sie 2 Delegirte in die Bürgerschaft, nach dem Wahlmodus der Notabeln.[39])

Der erste Bankbürger.

Der Präses oder erste Bankbürger hatte

1. das Protokoll zu führen,
2. die Eröffnung neuer Conten zu veranlassen,
3. die Quartalzahlungen vorzunehmen (Gehälter, Unkosten 2c.),
4. die Oberaufsicht und Controle über alle Vorgänge und Verhältnisse zu führen und
5. hierüber vor seinem Abgang im Laufe des Januar an das große Bankcollegium einen Bericht zu erstatten und Rechnung abzulegen.

Der zweite Bankbürger.

Der zweite Bankbürger hatte

1. die Führung der Silber- und Lehencontobücher und Collationirung der Saldi mit den wöchentlichen Bilanzen vorzunehmen,

---

[38]) Um das Mahl, an welchem ca. 20—30 Mitglieder theilzunehmen pflegten, haben sich mancherlei Mythen gebildet, indem es für das größte gastronomische Ereigniß Hamburgs galt. Selbstverständlich ist von dem genannten Betrag stets nur ein geringer Bruchtheil verwendet worden, und selbst jene Angaben werden von competenter Seite für unwahr erklärt, die von einem Preis von 100 ℳBco pro Couvert zu berichten wußten. Im Jahre 1871 ließ man während des Krieges die Feier gänzlich ausfallen und ebenso zum Schluß, als die Einnahmen den Ausgaben nicht mehr entsprachen.

[39]) Die Hamburger Bürgerschaft wird in 3 Klassen gewählt. In der 1. wählen alle Bürger, in der 2. die Grundeigenthümer, in der 3. die Notabeln, d. h. bestimmte Behörden und Gerichte.

2. an der Commission für Maße und Gewichte theilzunehmen,
3. das jährliche Frühstück und die Mahlzeit zu leiten.

Der dritte Bankbürger.

Der dritte Bankbürger hatte
1. das „Bankfonds" genannte Controlbuch der Silber- und Lehnconten zu führen, in welches wöchentlich die Total-Saldi und die Course des Posttages vorher eingetragen wurden.[40]) Am Ende des Jahres wurde dann ein Resumee verzeichnet von den Totalitäten des eingebrachten und herausgenommenen Silbers und der Contanten, der Anzahl der von jedem Wardein wardirten Barren, der Anzahl der Folien und Interessenten, des Jahresgewinnes auf Silberconto und des Totalgewinnes oder Verlustes der Bank,
2. Einkassirung von Strafgeldern, Auskehrung von $^1/_3$ derselben an die Buchhalter, Reservirung der übrigen $^2/_3$ bis zum Schluß des Jahres, sowie Führung der betreffenden Bücher,
3. Führung des Kupferbuchs (das später abgeschafft wurde), Controlirung der Prolongationen und Berechnung der Zinsen,
4. Beaufsichtigung des Münzkabinets (dasselbe wurde später der Kunsthalle zugewiesen),
5. Verwahrung der Armenbüchse.

Der vierte Bankbürger.

Der vierte Bankbürger hatte zu besorgen
1. das Vorrathsbuch von Münzen, Belehnungsbuch von Contanten, Prolongationsbuch und Verpflichtungsprotocoll,
2. Controlirung der monatlichen Abrechnungen des Lehn-Buchhalters,
3. Controlirung der Rechnungen über ein- und ausgehende Contanten.

Der fünfte Bankbürger.

Dem fünften Bankbürger endlich lag ob
1. Controlirung der Rechnung über ein- und ausgehendes feines Silber,
2. Führung des Vorrathsbuchs von feinem Silber,
3. Führung des Umsatzbuchs von feinem Silber,

---

[40]) Diese Posttage waren die Tage, an welchen die Post aus London in Hamburg eintraf resp. abging. An ihnen, Dienstag und Freitag, fanden in früherer Zeit die Coursnotirungen, welche bis zum nächsten Posttag Geltung hatten, statt.

4. Aufnahme des Inventariums von feinem Silber und Contanten am Ende des Jahres,
5. Ausgabe der Vollmachten und Registrirung derselben in das Vollmachtsbuch.

Diese Geschäftseintheilung, entnommen den früher geheimen Instructionen der Bankbürger aus dem Jahre 1854, ist im Wesentlichen während des Bestehens der Bancowährung die gleiche geblieben. Nach Aufhebung derselben änderten sich die Verhältnisse so wesentlich, nahmen die Geschäfte einen so erheblichen und zeitraubenden Umfang an, daß ein wichtiger Theil der bisherigen Functionen der Bankbürger auf einen neu ernannten Director übertragen werden mußte.

Den Bankbürgern unterstanden die eigentlichen Bankbeamten. Bankbeamte. Nach einem Verzeichniß aus dem Beginn der 70er Jahre waren dies

1. der Lehnbuchhalter, die wichtigste Persönlichkeit, da durch seine Bücher der ganze Umsatz an Metall und Münzen floß,
2. zwei Wardeine, d. h. Beamte der Probiranstalt der Bank,
3. vier Buchhalter und acht Assistenten, die den Giro-Umsatz, Annahme, Ordnung und Uebertragung der Bankzettel ꝛc. zu bewerkstelligen hatten.[41] Später wurde einem der Buchhalter das Amt eines Kassirers mit übertragen,
4. drei Wäger,
5. zwei Boten,
6. drei Arbeiter oder Bankknechte.

Alle waren pensionsberechtigt. Nach der Einsetzung des Directors Ausgaben der Bank. erforderte die Besoldung des Personals incl. der Pensionszahlungen eine Ausgabe von 88 233$^1/_3$ ℳ︁ Crt. d. h. 105 580 ℳ. Außerdem genossen die Buchhalter, Assistenten und Wäger einen Antheil von je 6—10 % am ganzen Betrage der Gebühren für unrichtige Bankzettel und am halben Betrage der Strafen für Ueberdispositionen. Die Boten und Arbeiter hatten gleichen Antheil an den für das Einholen von Consensen und den für das Ausbringen der Aufschreibezettel eingehenden Beträgen. Diese Gebühren und Strafgelder spielten eine nicht unerhebliche Rolle.[42] Da die Beamten Antheil an ihnen

---

[41]) Jeder Conteninhaber war nebst seinem Vertreter einem bestimmten Buchhalter zugewiesen, welcher alle bei ihm Verkehrenden persönlich kennen mußte.

[42]) In ganz anderem Maße noch bei der Bank von Nürnberg. Vgl. Poschinger a. a. O.

hatten, so wachten sie natürlich möglichst sorgfältig über ein sich etwa ergebendes Versehen. Die Buchhalter erhielten ein festes Gehalt von 4800—7800 ℳ, die Assistenten von 3000—4200 ℳ. Die Wardeine außer freier Wohnung und dem Gesammtbetrag der an sie bezahlten Gebühren (s. unten) je 1440 ℳ. Der Wäger 3500 ℳ, die Boten 14—1800 ℳ, die Arbeiter 12—1440 ℳ. Die Pensionen schwankten zwischen 1440 und 6000 ℳ.

ahmen Bank. Die Kosten, welche der Verkehr mit der Bank verursachte — abgesehen von den später zu besprechenden indirecten Opfern, welche in der erschwerten Disposition lagen — waren nicht unerheblich. In älterer Zeit mußte für jedes Folium von 24 Zeilen 2 ℳBco, später die Hälfte bezahlt werden, wozu noch gewohnheitsgemäß eine entsprechende Gratification an den Buchhalter sich gesellte. Für große Firmen, namentlich die Banken, welche jeden Tag Dutzende von Folien verbrauchten, ergab das eine namhafte Summe.

Die Eröffnung eines Conto kostete 3 ℳ Crt., ebensoviel die Schließung. Eine Vollmacht 2 ℳ Crt., wollte man sie in der Bank deponiren, ferner 1 ℳ 12 ß. Einholung von Consensen und Unterschriften 12 ß, von Bankzetteln je 4 ß, seit 1865 insgesammt 4 ß.

Wollte man Abends Nachricht über die eingegangenen Pöste haben, bis zu 10 Folien je 1 ß, mehr je 8 ß. Nachfragen nach einzelnen Posten 3 ß. Abschreiben nach 1 Uhr per Zettel 2 ß. Unrichtige Firmen 2 ß. Nichtübereinstimmung von Zahlen und Buchstaben auf dem Bankzettel je 3 ℳ Crt., seit 1865 1 ℳ Crt. Abschreiben von mehr als auf dem Conto stand, 3%, sodann 1% des zuviel abgeschriebenen Betrages, mindestens 3 ℳBco. Der Betrag wurde schließlich auf ½% Courant vom Banco und eine Maximalhöhe von 50 ℳ Crt. ermäßigt. Seit 1861 konnte man auch von 4—6 Uhr noch gegen Erlegung von 10 ℳ Crt. für jeden Zettel den überdisponirten Betrag sich nachträglich zuschreiben lassen; die Strafe blieb jedoch verwirkt. Die Kosten beim Aus- und Hereinbringen, von 2 ß per Mark fein auf ½‰ ermäßigt, erwähnten wir bereits. Außerdem war beim Einbringen zu entrichten an die Arbeiter per Barren oder Beutel je 2 ß; wenn mehren Conten zugeschrieben wurde, für jeden Zettel 4 ß; für das Wägen bei Belehnungen je 4 resp. 8 ß; für das Wardiren von Silber außer einer Probe bis zu je ½ Loth 1 ℳ Crt. per Barren; für das Wardiren von Gold 2 ℳ Crt. per Barren, die Probe durfte ⅛ Loth wiegen.

Daraus bestanden im Wesentlichen die Einnahmen der Bank und ihrer Angestellten. Die an letztere direct abgeführten Antheile sind Ueberreste aus alter Zeit, in welcher die Bankbeamten nicht besoldet wurden, vielmehr ihre Stellungen erkaufen mußten und ihre Einnahmen aus den Gebühren direct zogen. Der Verkauf zu Gunsten des Staatssäckels wurde im Jahre 1818 durch Raths- und Bürgerschluß abgeschafft und gleichzeitig an Stelle der Gebühren ein festes Gehalt gesetzt.[43])

In den günstigen Zeiten von 1813—1856 und in geringerem Maße auch noch nachher hat die Bank jährlich Ueberschüsse aufgesammelt, welche bei Aufhebung der Bancovaluta außer freiem Eigenthum an Gebäude und Inventar sich auf über 1 000 000 ℳ beliefen. Dieses sogen. Bankvermögen wurde zu den erwähnten Disconto-Geschäften verwandt, deren Leitung gleichfalls den Bankbürgern oblag. Die Eigenthümerschaft war von jeher eine streitige.[44])

Nach dem Aufkommen der Actien-Banken wurde es zu einem schwerwiegenden Einwand gegen das alte Institut, daß seine Gegner auf erstere exemplificirten, wie mit dem in letzterem ruhenden Capital ganz andere Gewinnste erzielt, ganz andere wirthschaftliche Aufgaben erfüllt werden könnten, als der beschränkte Wirkungskreis einer reinen Girobank gestatte.

In der That ergiebt ein Blick auf die hauptsächlich in Betracht kommenden Resultate der Actien-Banken bis zur Einführung der Reichsbank, wie von Jahr zu Jahr im Vergleich zu ihnen die Hamburger Bank an Bedeutung verlor, und selbst auf demjenigen Gebiet, dem sie ihre Entstehung und ihren Namen verdankte, dem Giro-Verkehr, weit überflügelt wurde, ja, nur dadurch noch in Frage kam, daß die anderen sie als Clearinghouse ihren Zwecken dienstbar machten.[45])

---

[43]) Ein ziemlich später Uebergang von der alten Naturalwirthschaft zur modernen Verwaltung in einem wirthschaftlich so weit entwickelten Gemeinwesen wie Hamburg.

[44]) Das zeigt eine merkwürdige Formalität: Seit alter Zeit pflegte bei der jährlichen Rechnungsablage der Vertreter der Commerzdeputation vorzutreten und in solenner Weise das Bankvermögen für die Kaufmannschaft in Anspruch zu nehmen. Der vorsitzende Senator erwiderte hierauf, daß er dieses auf seinem Werth oder Unwerth beruhen lassen wolle, worauf der Vertreter der Finanzdeputation gleichfalls vortrat, das Bankvermögen seinerseits für den Staat in Anspruch nahm, um unter großer Heiterkeit die gleiche Antwort des Vorsitzenden zu empfangen. —

[45]) Vgl. tabellar. Uebersichten Jahrg. 1856—1876, aus welchen die anliegende Tabelle zusammengestellt ist.

Leider waren die Zahlen über die Summen der Ein- und Ausgänge von Edelmetall in der Bank, die zur Beurtheilung der Bedeutung Hamburgs als Silbermarkt hätten dienen können, aus unbekannten Gründen nicht erhältlich. Ebensowenig die Uebersichten über die Einnahmen und Ausgaben der Bank, die genaue Anzahl der Theilhaber 2c. Es ist somit nicht möglich, den interessanten Vergleich zwischen den heute und damals durch den Giro-Verkehr verursachten Unkosten durchzuführen und zahlenmäßig die wirthschaftliche Unbrauchbarkeit der Hamburger Bank nachzuweisen.

Verei... ...n Total-Umsatz, ...h die Bank abgeschrieben		Netto-Gewinn	Hamburger Bank Total-Umsatz.
17 853 041		—	2 560 635 714
79 860 066		—	3 286 941 181
59 820 033,5		—	2 301 521 468
72 385 643		—	2 153 139 717
70 648 357		—	2 201 570 468
03 847 368		—	2 387 496 876
04 898 400		—	2 450 807 200
58 353 433		—	2 441 889 759
75 945 915		—	2 439 464 832
73 840 437		—	2 533 595 390
42 434 995		—	2 575 152 447
55 671 321		—	2 711 951 073
39 635 039		—	3 026 593 254
61 471 838	027	226 958	3 272 989 732
293 019 810	657	627 171	2 778 989 738
14 095 697	189	1 285 261	3 308 481 437
308 999 128	083	87 981	5 390 004 325
13 843 897	837	699 853	3 492 174 769
45 516 565	220	995 085	2 741 572 951
145 546 532	953	1 062 212	2 658 108 673

D. Juristisches.

Die Stellung der Bank im Hamburgischen Staatswesen nach modern juristischen Begriffen zu definiren, dürfte nicht ganz leicht sein. Die in Betracht kommenden staatsrechtlichen Fragen sind nicht immer gleichmäßig entschieden worden, sondern wie vielfach in Hamburg half man sich in schwierigen Fällen durch Entscheidungen nach der practischen Zweckmäßigkeit oder durch ad hoc erlassene Specialgesetze. Die Bank war zwar von privater Seite gegründet, dann aber durch die verschiedenen Bankordnungen und Bestimmungen[46]) mit einem gewissen staatlichen Character bekleidet worden. Durch die Bestimmung, daß Wechsel über 400 ℳ in der Bank geleistet werden mußten, wurde die Bancowährung für bestimmte Zahlungen aus einer Vertrags- zur Zwangswährung.[47]) Die Stellung der Bank im Staate.

Die Grenzen für die Competenz der Gesetzgebungs- und Verwaltungsorgane sind im Einzelnen nicht immer constant gewesen. Vielmehr finden wir entsprechende Maßregeln bald durch gemeinsamen Beschluß von Senat und Bürgerschaft angeordnet, dann wieder durch alleinige Verfügung des Senats und schließlich auch durch einfache Verwaltungsacte der Bank-Deputation.[48]) Es erscheint nicht nothwendig, der Frage, welche im Grunde mit dem ganzen Wesen der Verwaltungs-Organisation in Hamburg zusammenhängt, nachdem das Institut selbst zu existiren aufgehört hat, theoretisch weitergehende Betrachtungen zu widmen.

Das Verhältniß der Banktheilhaber zur Bank wurde von einer Richtung als contractliches Depositum aufgefaßt.[49]) Andere, vor Allen Pöhls,[50]) erklärten die Bank als das Object einer unter den Interessenten bestehenden Societät und machten gegen den Begriff des Depositum geltend, daß zu diesem die Rückgabe der deponirten Sache in specie gehöre. Verhältniß der Bank zu ihren Theilnehmern.

---

[46]) Vgl. Klefeker, Gesetze und Mandate a. a. O.

[47]) Vgl. auch S. 3.

[48]) Vgl. hierzu den „Bericht des Ausschusses vom September 1873, betr. die Wahl eines neuen Bankbürgers an Stelle des zum Direktor der Bank ernannten Herrn Eckstein", sowie die unten zu besprechenden Verhandlungen über die Valuta-Convertirung.

[49]) Vgl. Baumeister, Privatrecht I. Bd. S. 304, gestützt auf Oberappellationsgerichtsentsch. v. 23. September 1837.

[50]) Pöhls, Handelsrecht I. Bd. S. 309.

An dem Bankfonds hatten die einzelnen Banktheilnehmer pro rata der eingebrachten Summen und zugeschriebenen Beträge je nach der verschiedenen Auffassung Eigenthum oder Forderungsrecht. Etwaige Verluste sollten pro rata vertheilt werden. Durch die Verbindung des eigentlichen Bankfonds mit dem Lehnfonds zur Fundirung von Guthaben in den Bankbüchern entsteht hier aber eine gewisse Schwierigkeit. Das in die Lehnbank eingebrachte Geld 2c.[51]) unterlag den allgemeinen Grundsätzen der Pfandcontracte. Auf das Pfand hin wurde sodann ein Forderungsrecht auf Feinsilber zeitweilig gewährt. Volkswirthschaftlich bedeutet das ein factisches Verlassen des Reinsilber-Princips; welche juristische Consequenzen aber entstehen konnten, zeigen die Vorgänge des Jahres 1872,[52]) wo dieses Forderungsrecht in solchem Umfange geltend gemacht wurde, daß es bei einem Bestehen darauf nicht hätte befriedigt werden können. Wir müssen hier nothwendig zu dem Resultat der Bank als Depositorium kommen, da es kaum angängig erscheint, daß, wenn die Bank eine Societät ihrer Theilhaber gewesen wäre, der Senat in der geschehenen Weise die Grundprincipien im Interesse einzelner Socien aufgehoben hätte.

Die Bank war unzweifelhaft ein eigenes Rechtssubject, wobei auch in Betracht zu ziehen ist, daß derjenige, welcher Silber aus der Bank herausziehen wollte, dies zuerst an die Bank abschreiben mußte und ferner, daß, wenn gleichzeitig ein Bankinteressent Silber hereinbringen, ein anderer herausnehmen wollte, practisch zwar eine directe Uebertragung zulässig war, in den Büchern aber die Buchung so vorgenommen wurde, als wenn der eine eingebracht und gutgeschrieben erhalten, der andere per Cassa abgeschrieben und dann herausgenommen hätte. —

Bankzahlungen.

Bei Bankzahlungen ersetzte das Abschreiben, ein unumstößlicher juristischer Beweis, die Stelle von Quittungen. Indeß war das Ab- und Zuschreiben nicht genügend, ohne Weiteres die concreten Rechtsverhältnisse zu erledigen. Die Mittheilung der Bank über die erfolgte Abschreibung enthielt nur den Namen des Abschreibenden resp. später auch dessen, für den abgeschrieben war. Nur bei fälligen Wechsel- und Rechnungsforderungen oder nach vorheriger Verabredung war daher das Rechtsverhältniß durch die Abschreibung klar gestellt. Im anderen Fall mußte seitens des Empfängers bei dem Abschreiben

---

51) Vgl. Klefeker, Mandate, Ordnung u. Artikel d. Lehenbank v. 1619.

52) Vgl. S. 58.

eine Nachfrage nach der causa der Zahlung stattfinden resp. bei dem von letzterem als Zahlungsmandanten Aufgegebenen. Erst hierdurch wurde die Sache erledigt, und zwar war die Erklärung bei der Nachfrage so anzusehen, als ob sie gleichzeitig mit der Zahlung abgegeben sei.[53]) Eine Ausnahme von der Nachfrage-Verpflichtung bestand, wenn der Zahlungsempfänger eine fällige Forderung an den Abschreibenden hatte. In diesem Falle konnte er den Posten, falls er kleiner als die Forderung war, auf sie abrechnen, war er größer, so galt von dem Ueberschuß dasselbe, wie ohne Forderung von dem Ganzen.[54]) War ein Posten ohne Gegenforderung oder andern rechtlichen Grund abgeschrieben, so war vermittelst einer Condiction die Rückschreibung zu erlangen.[55]) Der nachfragende Empfänger war an den Bescheid gebunden, konnte also nicht, wenn ihm ein Dritter als Zahlungsmandant aufgegeben wurde, sich für eine etwaige Forderung an den Abschreibenden bezahlt machen. Wurde jedoch bewiesen oder zugestanden, daß die beim Nachfragen gemachte Aufgabe andern Inhalts gewesen sei als die frühere Intention des Abschreibenden, so pflegten die Gerichte eine derartige Sinnesänderung nicht zu gestatten, ein Verfahren, das der prätorischen exceptio gleichzusetzen sein dürfte.

Abschreiben für Dritte.

Das Abschreiben für Dritte war, sofern diese ortsansässig waren, gestattet.[56]) Es unterlag, nach Baumeister und Pöhls, den Grundsätzen des Mandatvertrages.[57]) Das Archiv für Handelsrecht fand dagegen darin einen Innominatcontract (nach Art der Mandatcontracte),[58]) das Handelsgericht sogar ein mutuum.[59]) Pöhls führt demgegenüber aus, daß, wer sein Geld einem Anderen hingiebt, damit dieser es immer für ihn bereit halte, kein Darlehen gäbe, besonders aber keiner beim Darlehen dafür bezahle, daß der Andere ihm die Ehre erweist, Geld von ihm zu entleihen, wie das bei dem in Frage stehenden Rechtsgeschäft häufig geschehe. Das Wesen des vorliegenden Contracts sei, daß, indem A., unter welchem X. seine Bank-

---

[53]) Vgl. Asher, Hamb. Monatsschrift f. Politik u. Handel v. Jahre 1834, Heft 1 Rechtsfälle S. 22 ff., Heft 3 Rechtsfälle S. 108 ff.

[54]) Vgl. I. 4. Di. de solutione 46. 3.

[55]) Condiction, nicht Vindication weil weder nummi noch eine andere species in Frage stand. (Baumeister a. a. O. S. 307.)

[56]) Neue Fall. Ordn. Art. 27.

[57]) Baumeister a. a. O. S. 304, Pöhls S. 310.

[58]) Bd. II S. 372.

[59]) ibid. S. 365.

rechnung habe, für ihn, X., abschreibt, er eine auf ihn, A., ausgestellte Assignation honorire, andererseits, indem ihm, A., zugeschrieben wird, er für X. empfängt laut Anweisung. Aus dem Mandatsverhältniß ergab sich für den Mandatar Haftpflicht für jedes Versehen, nicht für Zufall.[60]) Er wurde aber so wie der Assignatar (die Girobank) für den eingegangenen Belauf Schuldner, und zwar debitor generis. Als solcher war er gegen jeden Anspruch geschützt, wenn er den durch Zufall oder höhere Gewalt herbeigeführten Verlust bewies. Wäre ein solcher Verlust in der Bank wirklich eingetreten, so hätte derselbe nach den ausgeführten Grundsätzen wie die eigentlichen Bankinteressenten auch deren Mandanten pro rata treffen müssen.

curs. Besondere Bestimmungen galten für den Concurs. Während in der Regel das in der Bank stehende Guthaben vor Beschlagnahme geschützt war, ging im Augenblick des Concurses das Dispositionsrecht auf die Curatoren der Masse über. Indeß konnten diejenigen, für welche innerhalb der letzten acht Tage bei einem dritten, jetzt Fallirenden Zahlungen eingegangen waren, Rückübertragung, soweit das Guthaben reichte, sonst pro rata, verlangen.

Dies die wichtigsten mit der Bank und den durch sie bewerkstelligten Zahlungen zusammenhängenden Rechtsfragen. Sie bieten heute nur noch ein historisches Interesse, sind aber lehrreich für die Art, wie die hamburgische Rechtspflege den römischen Formen fremde Einrichtungen anzupassen pflegte, resp. dem Verkehrsbedürfniß nachgehend, neue Rechtssätze formte.

Die Art der Verwaltung, welche formell die alten Gesetze unverändert fortbestehen läßt, materiell hingegen alle erforderlichen Abänderungen gewohnheitsmäßig einführt, hat sich, wie in England, gut bewährt und bietet die Erklärung, wieso man mit der alten Bankordnung, den alten Bestimmungen bis in die letzte Zeit vollständig ausgekommen war. —

---

[60]) Näheres s. Pöhls a. a. O. S. 311 und 312.

Zweites Kapitel.

Die Bestrebungen nach Aufhebung der Bancowährung und ihre Verwirklichung.

Die Werthschätzung, deren sich die Bank und ihre Valuta in der ersten Hälfte unseres Jahrhunderts allseitig erfreute, hat ihr Denkmal gefunden in Adolph Soetbeers Buch: „Ueber Hamburgs Handel,[1])" wo uns der ältere Geffcken[2]) die erwähnte Schilderung des Wesens und der Geschäftsführung der Bank giebt. Die ganze Art der Behandlung seines Gegenstandes zeigt, wie sehr ihm und der gesammten Kaufmannschaft die Bank zum Stolz und zur Freude gereicht. Diese Gefühle waren durchaus wohlbegründet. Mehr als zwei Jahrhunderte lang hatte die Bank allen Stürmen getrotzt und in den Zeiten der schlimmsten Münzmisere erheblich dazu beigetragen, den Hamburger Credit zu erhalten und zu heben. Die Sicherheit, jederzeit Forderungen im Weltzahlmittel der älteren Zeit, dem Silber, ungekippt und ungewippt ausbezahlt zu erhalten, verschaffte den Geschäften in Hamburger Banco eine große Bedeutung, in einer Zeit der größten Unsicherheit allen Münzwesens allgemeine Beliebtheit, und neben London wurde Hamburg ein Centralpunkt des Wechselhandels. Einleitendes.

Als Geffcken den Aufsatz schrieb, war er daher wohlberechtigt zu sagen: „Betrachten wir nun dieses ganze, unwandelbare, fest ohne alle Willkür in sich abgeschlossene Banksystem, so liegt am Tage, wie eine Menge von Wechsel- und Waarengeschäften eben dadurch nach Hamburg geführt wird, daß Hamburger Banco eine Valuta ist, die nicht entwerthet werden kann, die sich unter allen Veränderungen

---

1) Bd. I S. 57—66.

2) Nach einer persönlichen Mittheilung Soetbeers.

gleichbleibt"; und ferner: „auch soll ohne Noth an den Grundbestimmungen der Bank nichts geändert werden, damit sie den Character der Unwandelbarkeit bewahrt".

Er ahnte aber nicht, daß dieses Wort am Schlusse einer vollendeten Periode des Wirthschaftslebens ausgesprochen wurde und hat auch später niemals eingesehen, daß eine neue Aera eingetreten sei und nun das Wort „Vernunft wird Unsinn, Wohlthat Plage" zur Geltung gelangen mußte.

Wirthschaftlicher Umschwung.

Der Ausgang der ersten Hälfte unseres Jahrhunderts ist der Anfang eines ungeheuren Umschwunges unserer Weltwirthschaft. Der Dampf beginnt die Eroberung des Erdkreises und indem er die Entfernungen verkürzt, die Productionsarten umwandelt, die Productionsmöglichkeit ins Ungemessene steigert, bewirkt er in einem Menschenalter eine völlige Neugruppirung unserer wirthschaftlichen Verhältnisse. Handwerke und Manufacturen werden zu Industrieen, der Handel mit einzelnen Orten der Welt zum Welthandel; Eisenbahn, Dampfschiffe und Telegraph führen die Menschen, ihr Eigenthum und ihre Gedanken in ungeahnter Schnelligkeit von Ort zu Ort.

Gründung neuer Banken im Binnenlande.

Indem nun aber alle diese Erscheinungen ins Leben zu treten strebten, trat gar bald ein erklärlicher Mißstand zu Tage. Für die neuen riesigen Unternehmungen erwiesen sich die vorhandenen Capitalkräfte in ihrer derzeitigen Organisation als unzureichend. Man strebte darum allerseits durch Schaffung neuer Centralpunkte für den Credithandel den gesteigerten Bedürfnissen entgegen zu kommen: allerorts wurden Banken gegründet[3]), und England und Preußen beendigten bereits in der Mitte der 40er Jahre die Reform ihres Bank- und und Notenwesens.[4])

Bestrebungen in Hamburg 1845.

In Hamburg, wo man die Bestrebungen seiner wichtigsten Handelsgegner mit lebhaftem Interesse verfolgte, fehlte es bereits 1845 nicht an der Erkenntniß der Einsichtigsten, das alleinige Bestehen der Banco- d. h. Reinsilber-Währung in ihrer schroffsten Form

---

[3]) Hier seien erwähnt die Gründung der Commerzbank in Lübeck, Bremer Bank, Hannoverschen, Niedersächsischen, Geraer, Thüringischen, Gothaer Mitteldeutschen Creditbank, alle 1856, der Bank für Süddeutschland 1855, der Frankfurter 1854, der Braunschweigischen und Weimarischen 1853 2c. 2c.

[4]) England durch die Peelsacte von 1844, Preußen durch das Bankgesetz von 1846.

sei auf die Dauer nicht mehr empfehlenswerth. Man plante deshalb die Gründung einer Bank von vorläufig 3 000 000 ℳBco Grundcapital, welche Banknoten mit einer Deckung von $^2/_3$ in Baar und $^1/_3$ in Wechseln emittiren sollte.

Die Commerzdeputation, schon damals geleitet durch den einsichtsvollen Einfluß ihres Secretärs, Soetbeer, leistete dem Plan Anfangs Vorschub, bis der Senat ihr dies in einer scharfen Vermahnung untersagte, in welcher u. A. auf den thatsächlich allgemein herrschenden Widerwillen gegen doppelte Zahlungsmittel, auf eine durch das erleichterte Discontogeschäft drohende Erhöhung der Krisengefahr, kurz alle Gründe verwiesen wurde, welche in jener Zeit von den Gegnern der Banknoten überall geltend gemacht wurden. Da schließlich ein eventuelles Einschreiten der Gesetzgebung gegen das Unternehmen in Aussicht gestellt war, unterblieb es, und 10 Jahre vergingen, bis am 2. Juli 1855 ein neues Comitee mit einer Eingabe und einem Statutenentwurf an den Senat herantrat und das Gesuch stellte, dem Plan die Genehmigung zu ertheilen und die Oberaufsicht über die neue „Norddeutsche Bank" zu übernehmen. Der Senat lehnte die Oberaufsicht ab und sprach sich in einem am 25. Juni erlassenen Decret[5]) ebenso entschieden wie 1845 gegen den Plan aus. Kennzeichnend für die hierbei maßgebende Stimmung ist vor Allem der Passus: „Das Bankwesen sei ein Gebiet, welches „nicht etwa als ein neues betrachtet werden könne, sondern es sei „mehr als 150 Jahre nach allen Richtungen ausgebeutet, ohne daß „sich dabei eine neue Entdeckung oder Erfindung gezeigt habe, es sei „denn etwa diejenige, die man selbst in der zweiten Hälfte des vorigen „Jahrhunderts durch die einzig in der Welt dastehende Bancovaluta „gemacht habe, und welche den hoffentlich nicht zu erschütternden „Grundpfeiler des Geld- und Handelsverkehrs zu bilden fortfahren „werde." Wieder warnt der Senat vor einem Vorhaben, das die alte Girobank zum Cassirer der neuen Actienbank herabdrücken und ungesunden Speculationen und Krisengefahren erheblich vorarbeiten werde.

Gründung von 2 Privatbanken 1855—1856.

Es ist nicht unmöglich, daß die Einwände wieder gesiegt hätten, wenn nicht plötzlich im Juli von englischen Firmen veranlaßt sich über Nacht ein Concurrenzunternehmen gebildet hätte, das in enger Anlehnung an die Londoner Joint-Stock-Banks unter dem Titel „Vereinsbank" ein großes Institut mit 20 000 000 ℳBco Grund-

---

[5]) S. Anlage V.

capital ins Leben rief, ohne, seinen Vorbildern gleich, Notenausgabe in sein Programm aufzunehmen. Das veranlaßte das Comitee der Norddeutschen Bank seinerseits den Plan der Notenemission und Staatscontrole vorerst aufzugeben, und so sehen wir Hamburg gleichzeitig um zwei neue Banken bereichert, welche sofort beginnen, der Hamburger Bank durch Eröffnung von spesenfreien Giroconten, zu deren Fundirung jede bankmäßige Sicherheit sowie Courantgeld nach dem Tagescours verwandt werden konnte, eine empfindliche Concurrenz zu machen.[6])

In der That war es die höchste Zeit, daß Hamburg die Institute erhielt, denn seitens der inzwischen im übrigen Deutschland üppig emporgeblühten Bankunternehmungen hatte man bereits mit Versuchen begonnen, mit der zu Gebote stehenden Capitalmacht einzelne Handelszweige von Hamburg abzulenken.

Erste Angriffe gegen die Bancowährung.

Mit dem Jahre 1856 tritt die Bancowährungsfrage in ein neues Stadium. Bisher war die Ueberzeugung von den Vortheilen der Bank so mächtig gewesen, daß kaum jemand ernstlich an ihren Einrichtungen zu rütteln gewagt hatte. Die Bancowährung war das Palladium, unter dessen Schutz der Handel alle Kämpfe siegreich überstanden hatte. Nicht die Krisis von 1799, nicht die englischen und amerikanischen Krisen und Wirren hatten ihrem Ruhm irgendwie Abbruch gethan. Im Gegentheil, man rühmte sich, daß man sogar der Bank von England im Jahre 1838 entscheidend hatte zur Hilfe kommen können.[7]) Jetzt entwickelte sich zum ersten Male eine Opposition aus verschiedenen Richtungen.

Die Banken waren natürlich von vornherein entschiedene Gegner der alten Einrichtung aus Concurrenzneid, wegen der ihrem Girofonds entzogenen Capitalien und wegen der aus der Art der Creirung

---

[6]) Wie allgemein die Ueberzeugung von der Nothwendigkeit und Zweckmäßigkeit der neuen Institute war, geht daraus hervor, daß das Grundcapital der Vereinsbank 29 mal, dasjenige der Norddeutschen Bank sogar 200 mal überzeichnet wurde. Von dem Capital der Vereinsbank wurden zunächst nur 20% eingefordert.

[7]) Die Bank von England hatte im Laufe der Restrictionszeit die Praxis in Bezug auf die Noteneinlösungen verlernt; wir finden im Verlaufe der nächsten Jahrzehnte bei ihr fortwährende Stockungen und Schwierigkeiten, hervorgerufen durch die mangelhafte rechtzeitige Fürsorge für die Herbeischaffung von Baarfonds. Im Jahre 1838 konnte sie ihre Zahlungen nur dadurch aufrecht erhalten, daß sie 2 000 000 £ in Gold von der Bank von Frankreich und 1/2 Mill. £ in Silber von Hamburg entlieh.

des Bankgeldes für sie entstehenden Schwierigkeiten und Unkosten.[8]) Es war indessen entschieden nicht der Zeitpunkt, sich etwa, wie es von dieser Seite verlangt wurde, der Preußischen Thaler-Währung anzuschließen, denn Preußen kam Hamburg gegenüber in commercieller Beziehung durchaus noch nicht maßgebend in Frage, und ein wesentliches Interesse lag sonst nicht vor, solange Hamburg umgeben war von Schleswig-Holstein, Mecklenburg, Lauenburg, Hannover, Lübeck und Bremen, von denen jedes eine eigene Währung hatte und daher lieber seine Rechnung in dem auf Baarsilber beruhenden Bancogeld geführt sah, als in einer fremden Courant-Währung. Der Courszettel wäre auch nicht vereinfacht worden, wenn die Relationen auf Preußisches Courantgeld zurückgeführt worden wären.[9]) Das mußte anders werden, sobald das Hinterland im Thaler eine gemeinsame Münze erhielt. Nun wurde hier der Thaler der feste

---

[8]) Vgl. S. 24.

[9]) Ein solcher Geldcourszettel lautet z. B.:

Geldcourse vom 4. Januar 1856.

Gold al Marco	425 ℳ	die Mk. à 1000/1000 Feingeh. in Bco.
Fein Silber (à 982/1000 u. darüber)	27 ℳ 12 ß	
Piaster, Söulen	25 ℳ 4 ß	die Mark Brutto in Bco.
do. Mexicanische	24 ℳ 14 ß	
Louis- u. Friedrichsdor	10 ℳ 13¼ ß	vollw. das St. in Bco.
Ducaten neue Holländ.	100	
do. Hamb. u. diverse v. 979/1000 à 983/1000	100	
Hamb. Cour., 1- u. 2-ℳ-Stücke	$122\frac{5}{8}$	Mark für 100 ℳ Bco.
do. do. 4- u. 8-ß-Stücke	$126\frac{1}{2}$	
Schilling-Stücke, Hamb. u. Lüb.	$126\frac{7}{8}$	
Lübisch grob Courant	$126\frac{1}{2}$	
Thaler nach dem 14 ℘-Fuß	152	Thaler für 300 ℳ Bco.
1/6- u. 1/3-Thaler do.	$152\frac{1}{4}$	
Dänische 2/1-℘ (Species)	200	
do. 1/1-℘	200	
Louis- u. Friedrichsdor	$38\frac{1}{2}$ % schlech. als Bco.	
Louis- u. Friedrichsdor	13 ℳ $11\frac{1}{2}$ ß	d. St. in Thalern des 14 ℘-Fußes à 40 ß C.
Ducaten neue Holländ.	7 ℳ $14\frac{11}{16}$ ß	
do. Hamb. rc.	7 ℳ $14\frac{11}{16}$ ß	
Thaler nach dem 14 ℘-Fuß à 40 ß	$126\frac{11}{16}$ Mk. Crt. f. 100 ℳ Bco.	

landläufige Maßstab und ihm gegenüber die Banco-Valuta das Schwankende. Durch das Beibehalten der Bancowährung auch in dieser, mit dem Uebergang Mecklenburgs und Hannovers zur Thaler-Währung und dem Wiener Münzvertrag[10]) beginnenden und im Jahre 1866 einen vorläufigen Abschluß findenden Periode hat das Hamburger Geschäft nachweislich Schaden gelitten, und nicht zum Mindesten verdankt Berlin diesem Umstande seinen Aufschwung im Wechselgeschäft. So sandte Mecklenburg z. B. seit langer Zeit seine Butter und andere landwirthschaftliche Producte über Hamburg nach England; während es seinen eigenen äußerst mangelhaften, aus verschiedenem Courantgeld gemischten Münzfuß hatte,[11]) war es für den Landwirth am bequemsten, seine Bezahlung in Hamburger Banco zu entnehmen oder zu empfangen. Sobald aber der Preußische Thalerfuß eingeführt war, zog man es vor, Bezahlung in Wechseln auf Berlin zu beziehen, weil man hierbei die Coursschwankungen zwischen Courant und Bancogeld und die bei der Umrechnung von Banco in Hamburg üblichen Spesen ersparte.

Die Währungsfrage in Europa.

Ein weiterer Angriffspunkt auf die Bancowährung erstand aus den Verhältnissen, wie sie auf dem Edelmetallmarkt herrschten und für die ganze Welt Gegenstand lebhaftesten Interesses waren.[12]) Die Entdeckung der californischen Goldfelder mit ihren scheinbar unerschöpflichen Schätzen auf der einen Seite, andererseits der Beginn einer ungeheuren, unabsehbaren Nachfrage nach Silber von Indien und Ostasien her, ließen allerorts das Bedenken aufkommen, Silber werde im Vergleich zu Gold allzu theuer und rar werden, und so begann man der Frage des Uebergangs zur Goldwährung ernstlich näher zu treten. Der Hauptträger der mittelalterlichen Silberwährung, der spanische Piaster, verlor endgiltig seine Stellung an den Sovereign. Daher tauchten im Jahre 1856 auch in Hamburg Pläne auf, an Stelle der alten Silbervaluta eine neue auf Gold fundirte zu setzen oder ein System der Doppelwährung einzuführen. Es kam zur Ausarbeitung eines Entwurfs für eine Gold-Girobank, doch fanden

---

[10]) Wiener Münzvertrag zwischen sämmtlichen Zollvereinsstaaten und Oesterreich vom Januar 1857; derselbe sollte bis 1878 laufen.

[11]) Vgl. Soetbeer, Denkschrift über Hamb. Münzverhältnisse S. 38; desgl.: Unser Münzwesen und seine Mängel, von einem Mecklenb. Landstande. (Neubrandenburg 1845.)

[12]) Vgl. hierzu u. A. Otto Arendt: Die vertragsmäßige Doppelwährung. (Berlin 1880.)

die Anregungen keinen Anklang.[13]) Bemerkenswerth sind sie aber, insofern zum ersten Mal über die Aufhebung der bisherigen Währung ernstlich discutirt wurde, wennschon das geplante Goldsystem auf denselben Grundsatz der Basirung auf Reinmetall berechnet war.

Die Krisis von 1857 war außerordentlich lehrreich für jene Theoretiker, welche in der Reinsilber-Währung eine Garantie gegen die durch Noten hervorgerufenen und begünstigten Schwindeloperationen gesehen und hieraus stets ein Hauptargument für die Unvergleichlichkeit der hamburger Währung hergeleitet hatten. Es zeigte sich nämlich, daß auf dem ureigensten Gebiet der Geltung von hamburger Banco sich ein Schwindelsystem entwickelt hatte, wie es großartiger durch keine Notenemission der Welt zu erreichen war. Eine fast unglaubliche Menge von coursirenden Banco-Wechseln war meist ohne Deckung als Form einer Creditgewährung an die nordischen Länder in Circulation gesetzt (sogen. Blancoacceptcredit). Als in den Waarenpreisen ein erheblicher Rückgang und daher kritische Zeiten eintraten, wurden sie in großer Menge „nothleidend". Das ganze Gebäude sank plötzlich zusammen, und das erweckte einen solchen Grad von Mißtrauen und Schreck, daß zeitweilig jeder Verkehr stockte und es überhaupt keine Werthe gab, für welche Geld erhältlich war. Die Krisis von 1857.

Mit voller Deutlichkeit trat nun die Unbrauchbarkeit des alten Zahlungs- und Banksystems an den Tag.[14]) Während die Bank von England durch Suspension der Peelsacte und Emission von Noten zum Zweck von Wechseldiscontirungen, Beleihungen 2c. in der Lage war, das gestörte Vertrauen wieder zu beruhigen, gab es in Hamburg keine Möglichkeit, Wankende zu stützen, weiteres Fortschreiten der Krise aufzuhalten, weil es keine Werthe gab, in denen man Zahlungen leisten konnte, außer Banco. Diejenigen, welche die geringen hiervon vorhandenen Mengen besaßen, konnten es natürlich nicht aus der Hand geben, da sie es selbst jeden Augenblick zur Einlösung der eigenen Verpflichtungen bereit halten mußten.

Der Bankfonds, dessen Höhe übrigens unbekannt war, betrug Ende November 13 592 790 ℳBco gegenüber etwa 273 000 000 ℳBco

---

[13]) Vgl. Hamb. Börsenh. 1856 Nr. 13 744 u. 13 782; ferner die Broschüren: Zur Bankfrage von Geffcken u. Soetbeer.

[14]) Soetbeer, Hamburger Bank II, S. 28—41. Max Wirth, Geschichte der Krisen. Ad. Wagner, Peelsacte S. 279—303.

laufender Wechsel. In gewöhnlichen Zeiten reichte er vollkommen für den zu vollziehenden Umsatz aus, jetzt aber zeigte es sich, nur eine Vermehrung der Umlaufsmittel könne zu einer Wiederbelebung des Vertrauens dienen. Nach mehreren fehlgeschlagenen Versuchen schlug die Commerzdeputation zu diesem Zweck die Emission von 30 000 000 ℳBco Noten mit Zwangscours bis zum 1. December 1858 vor, die von einer staatlichen Discontobank zu emittiren seien und der Bancowährung als gesetzliches Zahlungsmittel gleichzustehen hätten. Die Bürgerschaft genehmigte am 3. December den Vorschlag, nicht jedoch der Senat, weil „die proponirte Maßregel ganz nothwendig mit der fernerweitigen Maßnahme des Verbots der Silberherausnahme aus der Bank verbunden werden müßte, wenn unsere Valuta nicht im hohen Grade entwerthet werden solle".

Man sieht, die Abneigung gegen die Banknote war zu groß, um selbst in solchem Augenblick überwunden zu werden. Aber ohne eine Durchbrechung des Bancoprincips sollte es doch nicht abgehen, denn der Senat schlug seinerseits eine Staatsdiscontocasse vor, welcher sofort ein Bankconto von 5 000 000 ℳBco durch ein Depot von dem Staat gehörigen Eisenbahnactien und besonders fundirten Staatsobligationen begründet werden sollte.[15]) Außerdem sollte die Kämmerei zum gleichen Zweck eine Silberanleihe von 10 Millionen aufnehmen. —

In dem Verhalten der Preußischen Bank gegenüber dieser Silberanleihe, das ein schroff ablehnendes war und noch durch ein unfreundliches Rescript des Ministerpräsidenten an den Preußischen Gesandten in Hamburg verschärft wurde, liegt zweifellos ein mitbestimmender Grund für die spätere Abneigung der maßgebenden Kreise gegen die Einführung der Preußischen Bank und vielleicht nicht zum geringsten Theil für den bis in die 70er Jahre hinein nicht ganz unterdrückten Particularismus überhaupt.

Heute, bei ruhiger Erwägung wird man Preußen sein damaliges Verhalten weit weniger verargen. Es befand sich in einer gleichfalls bedenklichen Lage und mußte in ganz anderem Maße auf die Integrität seiner Baarbestände bedacht sein als die durch Zwangscours ihrer

---

[15]) S. Ad. Wagners Aeußerungen hierüber a. a. O., ebenso S. 301, die Bemerkung über die Staatslombardbank v. 29. Nov. d. J., welche auf die beliehenen Waaren und Papiere Sola-Wechsel auf die Staatscasse: Kammermandate ausgab — eine Art verzinslichen Staatspapiergeldes ohne Zwangscours.

Noten gedeckte Oesterreichische Nationalbank. Letztere leistete gern mittelst einer Uebersendung von 15 000 000 ℳBco aus dem in ihren Kellern müßig lagernden Silbervorrath die erwünschte Hilfe, welche durch die erzielten Zinsen gleichzeitig ein recht gutes Geschäft bedeutete. Das Silber wurde in die Bank hineingebracht, um nach 6 Monaten unangetastet in derselben Verpackung nach Wien zurückzugehen. Mit einem Schlage war nämlich nach seinem Eintreffen die Krisis gebrochen, der Credit wieder hergestellt und das Vertrauen neu belebt. Soetbeer meint, daß bei einer herrschenden Thalerwährung das Verhalten Preußens, das dann nämlich weit stärker von der Krisis in Mitleidenschaft gezogen worden wäre, nothgedrungen ein anderes hätte sein müssen, und daß von der Preußischen Bank aus in diesem Falle bereits zu Beginn der Krisis ein Eingreifen, ähnlich dem der Bank von England, würde stattgefunden haben, d. h. Discontirungen und Beleihungen gegen hohen Zins, und somit die Krisis nicht bis zu ihrem panischen Lähmungsstadium fortgeschritten wäre.

Der thatsächliche Effect für unsere Frage war erstens die Erkenntniß, daß die Bancowährung nicht vor Schwindeloperationen auf dem Geldmarkt schütze und so zur Verhütung von Krisen dienen könne; zweitens, daß sie sogar ein Erschwerungsgrund für die Beendigung einer eingetretenen Krisis sein konnte, indem sie nicht die Möglichkeit bot, gegebenen Falls schnell die Zahlungsmittel zu vermehren und endlich, daß sie factisch hatte durchbrochen werden müssen, sofern ein Depot von Werthpapieren zur Fundirung eines Silber-Guthabens benutzt war. Letzteres war aber nichts Anderes, als ein Surrogat der Banknoten ohne Baardeckung, allein unterschieden dadurch, daß erstere physisch — das Bancogeld in den Bankbüchern coursirte. Ein run auf die Bank hätte damals dieselben Folgen gehabt, welche von den Gegnern der nicht baar gedeckten Banknote stets prophezeit wurden, und dennoch zeigte die Praxis, daß gerade das Gegentheil jener Behauptung das thatsächlich Richtige sei. Mit diesem Augenblick verschwindet die Behauptung von der Immunisirung gegen Krisengefahr, welche die Anhänger der Bancowährung ihr bis dahin zugeschrieben hatten, aus deren Rüstzeug.

Die Verhandlungen in Köln und Heidelberg.

Im Jahre 1860 und 1861 tritt die Bancowährungs-Angelegenheit zum ersten Male an die Oeffentlichkeit außerhalb Hamburgs: 1860 auf dem volkswirthschaftlichen Congreß zu Köln und 1861 auf dem ersten Deutschen Handelstag zu Heidelberg, wo eine Denkschrift vertheilt wurde, welche sich mit eingehender Begründung auf das Entschiedenste gegen die fernere Beibehaltung der Bancovaluta erklärte.[16]) Der Inhalt, in der Debatte commentirt durch die Referenten Soetbeer und den Hamburgischen Rheder und späteren Reichstagsabgeordneten Roß, fand allseitige Zustimmung. Hieraus nahm der Hamburger Kaufmannsconvent Veranlassung, sich in einer Versammlung gleichfalls mit der Frage zu beschäftigen. Die Majorität entschied sich aber für unveränderte Beibehaltung des alten Systems.

Eroberung von Schleswig-Holstein.

Nun kam das Jahr 1864. Die Eroberung Schleswig-Holsteins zog als nächste Folge die Einführung der Thalerwährung nach sich, und die Preußische Bank schickte sich an, in Altona eine Commandite zu eröffnen.[17])

Somit hatte der Thaler sein Einschließungswerk vollendet; als einsames Enclave ragte Hamburg inmitten eines überall nach Thaler rechnenden Gebiets hervor.

Gründung einer Preußischen Bankkommandite in Altona.

Mit Befürchtung sah man auf den aus dem Ansässigwerden der Preußischen Bank in Altona für die alte Rivalin zu erwartenden Vortheil. Deshalb entschloß man sich nunmehr, der Frage näher zu treten, ob es nicht angebracht sei, unter Einführung der Courantwährung eine Commandite der Preußischen Bank nach Hamburg einzuladen. Gegen letzteren Punkt jedoch erhoben sich politische Bedenken; die Preußische Regierung hatte das Princip verkündigt, nur an denjenigen außerhalb ihres Regierungskreises gelegenen Punkten die Gründung einer Filiale ihrer Bank zuzulassen, wo solches durch die Regierung des betreffenden Landes bei ihr officiell beantragt wäre und dazu wollte sich der Senat, dessen Standpunkt wir noch zu kennzeichnen haben werden, jetzt wie in der Folgezeit nicht verstehen.

Hamburgische Commissionen.

Zur Prüfung der Frage, wie man sich der Einführung der Thalerwährung gegenüber zu verhalten habe, wurden zwei Commissionen eingesetzt. Die eine als gemischte Commission des Senates und der Bürgerschaft,[18]) die andre als Commission der Kaufmannschaft.

---

[16]) Sie rührt von Soetbeer her, der aber als hamburgischer Vertreter bei der maaßgebenden Orts herrschenden Stimmung nicht mit seinem Namen hervortreten wollte. Vgl. ferner den Bericht und die Verhandl. d. D. Handelstages v. 15. Mai 1861, S. 37 ff.

[17]) Bei den hierauf bezüglichen Verhandlungen des Abgeordnetenhauses tritt eine ziemliche Unbekanntschaft mit den Hamburger Verhältnissen zu Tage. Man nahm u. A. die Parität zwischen Thaler und Banco Mark auf 150 an, während sie thatsächlich in jener Zeit 151⅔ betrug. Vgl. die Courstabelle unten.

[18]) Gemäß eines bürgerschaftl. Antrages v. 2. Nov. 1864 nach erfolgter Zustimmung des Senats v. 23. Jan. 1865.

Letztere hat ihre Verhandlungen niedergelegt in der Schrift: „Verhandlungen der vom Hamburger Kaufmannsconvent zur Prüfung der Valutafrage niedergesetzten Commission.“[19])

Einem jeden, welcher sich von Grnnd auf über die streitige Frage, Fortbestehen oder Nichtfortbestehen der Bancowährung, mit allen Gesichtspunkten, welche dieselbe vor der Gründung des Deutschen Reichs für das ganze Hamburgische Geschäft bot, beschäftigen will, ist das alle einschlägigen Fragen in erschöpfender Weise nach Art der englischen Parlamentsenqueten behandelnde Buch dringend zur Lectüre zu empfehlen. Die sich aus der Verhandlung ergebenden, wesentlichsten Gesichtspunkte wurden niedergelegt in der Resolution: „In „Anbetracht, daß die Umstände, welche einst die Einführung einer „separaten Bancovaluta in Hamburg zuwege gebracht haben, nicht „mehr obwalten und die fernere Beibehaltung dieser Valuta nicht „rechtfertigen können, daß ferner die Bancovaluta für einen be„deutenden Theil unserer Handelsbeziehungen zu einer Verkehrs„erschwerung geworden ist, daß endlich die sonstigen von dieser „Verkehrserschwerung nicht direct betroffenen Handelsbeziehungen durch „den Uebergang von der Bancovaluta zur Deutschen Baarthaler„währung in keiner Weise beeinträchtigt werden, empfiehlt die Majorität „der Commission dahin zu wirken, daß die Verwaltung der Bank ver„anlaßt werde, nach vorgängiger Feststellung geeigneter Bestimmungen „für die Uebergangsperiode und im Uebrigen ganz in Uebereinstimmung „mit ihren bisherigen Grundsätzen von einem bestimmten Tage an die „Conten ihrer Interessenten ausschließlich in Thalern und Groschen zu „führen, Silber in Barren, fremde Silbercontanten und Gold aber zu „beleihen und hierfür alle mit der Sicherheit einer jederzeitigen Aus„zahlung der Guthaben in harten Thaler-Stücken zu vereinbarende „Facilität zu gewähren, glaubt aber im gegenwärtigen Stadium der „Sache, so lange die Principfrage der Aufhebung der Bancovaluta „noch nicht entschieden ist, da eine Senats- und Bürgerschaftscommission „sich mit der nämlichen Angelegenheit beschäftigt, auf specielle Vorschläge „wegen der Modalität der practischen Einführung der Baarthaler„währung an Stelle der Bancovaluta sich nicht einlassen zu sollen.[20])

Die Senats- und Bürgerschaftscommission hat sich im Gegensatz zur kaufmännischen in einem am 26. April 1867 der Bürgerschaft

[19]) Veröffentl. seitens der Commerzdeputation, Hamburg 1865.

[20]) Der Inhalt der gen. Schrift ist so instructiv, daß wir uns nicht versagen können, anhangweise eine der wichtigsten Stellen wiederzugeben. S. Anlage VI.

vorgelegten Bericht für die unveränderte Aufrechterhaltung der Banco-valuta in ihrer Majorität ausgesprochen.[21]) Eine einzige Veränderung, ihrer Natur nach von sehr untergeordneter Bedeutung, in ihren entfernten Folgen aber, wie man sagte, practisch wichtig, wurde vorgeschlagen, nämlich, die Bestimmung der Valuta von $27^3/_4$ ℳBco auf eine Kölnische Mark durch den Ansatz $59^1/_3$ ℳBco = 1 Pfund metrisch fein zu ersetzen.[22])

Der norddeutsche Bund.

Dem Antrage der Commission gemäß kam es in jener Zeit zu keiner Veränderung der Valuta, da man nach den Verhandlungen der Internationalen Münzconferenz zu Paris 1865 einer baldigen Einführung der Goldwährung in Deutschland resp. einer internationalen Währungsregelung entgegensah.[23]) Die Bundesverfassung von 1867 behielt sich in Art. 3 und 4 eine Regelung des Maß-, Gewichts-, Münz- und Bankwesens vor, und so finden wir den bleibenden Ausschuß des Deutschen Handelstages mit dieser Frage im Februar des Jahres 1870 beschäftigt, der die nachstehende Resolution am 11. Februar faßt:

Deutscher Handelstag 1870.

1. Eine Centralbank für Deutschland sei durch die wirthschaftlichen Verhältnisse erforderlich, da infolge der bisherigen Fehler in der Bankpolitik das Depositenwesen weder in Preußen noch in den kleineren Staaten genügend kräftig entwickelt sei.
2. Vom 1. Januar 1872 an sei eine Hauptbank zu errichten, ähnlich der Preußischen Bank, da die Verlängerung eines Privilegiums der letzteren durch den Art. 4 der Bundesverfassung unmöglich gemacht sei. Diese neue Bank solle an allen wichtigen Punkten Deutschlands Filialen errichten, und die von ihr emittirten Noten gesetzliches Zahlmittel sein.
3. Es soll keine Notenemission nach dem Princip der $^1/_3$ Baardeckung, sondern Contingentirung der zu emittirenden Noten allerorts eingeführt werden.
4. Stricte Einführung der Goldwährung, Einziehung der Noten der Einzelstaaten nach dem Princip: Kein Staatspapiergeld.
5. Freie Zulassung von Banknoteu unter bestimmten Cautelen.

---

[21]) Verhandl. d. Senats u. d. Bürgerschaft 1867, S. 157 Nr. 42.

[22]) Durch diese Abänderung ergab sich eine Differenz v. $^1/_{36}$ pro mille, die practisch natürlich ebensowenig Bedeutung hatte, wie die $2^1/_4$ pro mille betragende Differenz zwischen dem 18 u. 30 ℔-Fuß.

[23]) Internationale Münzconvention v. 23. Dec. 1865.

Im Anschlusse an diese Verhandlungen beschloß der Reichstag im Juni die Veranstaltung einer Münzenquete. Die Ereignisse der folgenden Zeit ließen aber natürlicherweise von der Ausführung derselben absehen, und die Milliardenzahlungen der nächsten Jahre machten sie überhaupt unnöthig, indem man nun in der Lage war, eine Reform des Münzwesens auf directem Wege vorzunehmen.

Das Deutsche Reich wurde gegründet, und im Juli trat eine Commission von Reichstagsabgeordneten an die Münzfrage heran. Ihren Vorschlägen entsprechend nahm die zwölfte Versammlung des „volkswirthschaftlichen Congresses" in ihrer zweiten Sitzung zu Lübeck eine Resolution an, in der die Reform des Münzwesens im Reich für ein dringendes Bedürfniß und der Augenblick für besonders günstig dazu erklärt wurde. Grundzüge des neuen Gesetzes sollten sein: Einheitlichkeit der Goldwährung, hinreichende Ausprägung von Goldmünzen während des Uebergangsstadiums, Einziehung der Silbermünzen bis auf ein als Scheidemünze geltendes Quantum, welch' letzteres aber dann gesetzliches Zahlungsmittel bliebe u. s. w. Das Deutsche Reich.

In Hamburg hatte sich inzwischen eine eigenthümliche Ansicht entwickelt. Man meinte, daß die Einführung der Goldwährung die hamburger Bancovaluta unberührt lassen könne. Hamburger Bancogeld sei conventionelles Geld, daher werde es den Parteien auch nach dem Inkraftreten eines Allgemeinen Deutschen Münzsystems gestattet bleiben, darin zu handeln, während die innere Vortrefflichkeit und der unveränderliche Character derselben zur freiwilligen Beibehaltung veranlassen werde. Von der Nothwendigkeit dieser Beibehaltung war man so durchdrungen, daß sich gleichzeitig eine ganze Reihe von Projecten bildete, wie man die Bancovaluta den neuen Verhältnissen anpassen könnte. So wurde z. B.[24]) die Beibehaltung der Bancovaluta, basirt auf den festen Cours von 59⅓ ℳBco für 30 ₰ oder 90 ℳ oder 919⅓ ℳBco für ein Pfund Barrengold fein vorgeschlagen.[25])

---

[24]) Vgl. Hamb. Börsenh. Nr. 18513 v. 20. Nov. 1871.

[25]) Wir lassen hier die für die Tarifirung des Bancogeldes in Betracht kommenden Thalercourse in Hamburg aus den Jahren 1838—1870 folgen. In früheren Zeiten lag der Grund für hohe Thalercourse stets in starker Getreideausfuhr bei hohen Preisen. Im Jahre 1871, wo der Thaler bis auf 148¼ stieg, lag er in den großen französischen Zahlungen, der Anhäufung großer Mengen in Berlin, um die Schatzanweisungen aus dem Kriege zu bezahlen, und der Sistirung der Silber-Ausprägungen.

Tabelle III. Coursstand des preußischen Thalers in Hamburg.

Jahr	Höchster	Niedrigster	Durchschnitt
1838	150	152 5/8	151 7/8
1839	149 1/2	153	152 1/4
1840	147 3/4	150 3/4	148 3/8
1841	148	150 3/8	148 1/2
1842	149	152	150 1/4
1843	148 3/4	152 3/8	150 1/8
1844	148 5/8	151	150 1/8
1845	148 1/2	152 1/4	150 1/4
1846	148 3/4	151	150 5/16
1847	150 1/4	152 5/8	151 9/16
1848	148 3/8	152 3/8	150 5/16
1849	149 7/8	151 1/4	150 1/2
1850	150 1/4	151 7/8	151
1851	150	151 5/8	150 13/16
1852	151	152 3/4	152
1853	150 3/4	152 7/8	152
1854	148 1/4	150 7/8	149 3/8
1855	148 1/4	152 1/4	149 11/16
1856	151 3/8	153 1/4	152 1/2
1857	150	154	151 7/8
1858	149 3/4	152 7/8	150 7/8
1859	149	151 7/8	150 9/16
1860	149 1/4	151	150 1/4
1861	149 5/8	151 5/8	150 3/8
1862	150 3/4	152 3/4	151 5/8
1863	150	152 3/4	151 9/16
1864	151	153 1/8	151 15/16
1865	151 3/8	153	152 3/8
1866	150 1/8	152 7/8	151 13/16
1867	150 1/2	152 1/4	151 7/16
1868	150 3/8	151 7/8	151 1/4
1869	150 5/8	152 1/2	151 3/8
1870	149 1/2	152	151 3/16

Die Course und Silberpreise auf dem maßgebenden Londoner Silbermarkt gestalteten sich folgendermaaßen:

Tabelle IV.

Jahre	Londoner Silberpreis		Kurze Wechsel auf London		Mittlerer Werth
	Pence p. Unze	Werthrelation	Bco ℳ ß	Werthrelation	
1831—40	59 7/8	15,75	13. 9 5/8	15,65	15,70
1841—50	59 9/16	15,85	13. 10 1/2	15,72	15,77
1851—55	61 8/16	15,41	13. 7 7/16	15,35	15,38
1856—60	61 11/16	15,29	13. 4 5/16	15,27	15,28
1861—65	61 8/16	15,41	13. 5 15/16	15,39	15,40
1866—70	60 5/8	15,55	13. 7 1/2	15,50	15,52

Die Münzdebatten im Reichstag.

In der ersten Lesung des Münzgesetzes[26]) im Reichstag sagte der Preußische Finanzminister und Bundesrathsbevollmächtigte Camphausen: „Wohin mit dem Silber? Dieser Proceß soll nicht erst beginnen, er hat schon begonnen. Deutschland hat schon jetzt darauf Bedacht genommen, sich eines Quantums von Silberbarren zu entledigen. Ich habe allerdings nicht gehört, was man in Hamburg in dieser Beziehung gethan hat; wir haben zwar außerordentlich viel Artikel von dort gelesen, die uns über das, was wir thun sollen, belehren, aber Mittheilungen darüber, was Hamburg in dieser Beziehung gethan hat, sind bisher zu meiner Kenntniß nicht gelangt. Es kann indessen nicht ausbleiben, daß man zu der Erkenntniß vordringen wird u. s. w." —

Das sollte eine Aufforderung an Hamburg sein, die Regelung seiner Bancovaluta baldigst und selbstständig vorzunehmen. Man sagte sich, daß eine Beibehaltung dieses Münzsystems, mit seiner unbeschränkten Vermehrbarkeit durch Einbringung von Barrensilber in die Bank, dazu dienen werde, die Silbermengen, welche man soeben aus Deutschland herausgeschafft hätte, durch dieses Thor wieder einzuführen. In der Erkenntniß der Schwierigkeit hatte denn auch der Handelstag am 17. October 1871 empfohlen, die gesetzlich feste Tarifirung der neuen Reichsgoldmünze auf die Hamburger Bancovaluta mit zu erstrecken. Es wurde eine analoge Form wie für Preußische Thaler beantragt, nämlich 20 ℳ = 13 ℳBco 3 ß.[27]) Gegen eine solche Tarifirung hat sich anscheinend der Senat im Bundesrathe ausgesprochen, und als daher der Hamburgische Abgeordnete Dr. Wolffson den Antrag stellte, in § 8 des Münzgesetzes[28]) eine

---

[26]) Vgl. Verhandl. d. Deutschen Reichstags über den Gesetzentwurf betr. die Ausprägung von Reichsgoldmünzen. Stenogr. Ber. Bd. III. S. 225 ff.

[27]) 15,5 × 30 ℛ = 1 ℔ Gold fein oder 69,75 gr = 20 ℳ. 20 ℳ = $6\frac{2}{3}$ ℛ. — 15,5 × $59\frac{1}{3}$ ℳBco = 69,75 × 20 ℳ, also 20 ℳ = 13 ℳBco $2\frac{806}{837}$ ß.

[28]) § 8 des Entwurfes lautet: Alle Zahlungen, welche gesetzlich in Silbermünzen der Thalerwährung, der Süddeutschen Währung, der Lübischen oder Hamburgischen Courantwährung oder in Thalern Gold Bremer Rechnung zu leisten sind, oder geleistet werden dürfen, können in Reichsgoldmünzen (§ 1 u. 3) dergestalt geleistet werden, daß gerechnet wird: das 10 ℳ-Stück zum Werthe von $3\frac{1}{3}$ ℛ oder 5 fl. 50 kr. Südd. Währung, 8 ℳ $5\frac{1}{3}$ ß Lübische und Hamburger Courantwährung, $3\frac{1}{93}$ Thaler Gold Bremer Rechnung; das 20 ℳ-Stück zum Werthe von $6\frac{2}{3}$ ℛ oder 11 fl. 40 kr. Südd. Währung, 16 ℳ $10\frac{2}{3}$ ß

Tarifirung der Hamburger Bancovaluta einzuschalten, wurde dies auf den Widerspruch des Präsidenten des Reichskanzleramts, Staatsminister Dr. Delbrück, hin abgelehnt.

Zur Begründung seines Antrages hatte Wolffson ausgeführt,[29]) er habe beantragt, die Hamburger Bankvaluta zu tarifiren, weil sie entsprechend den übrigen tarifirten Währungen eine Landeswährung sei. Er stehe hier mit der Handelskammer auf dem entgegengesetzten Standpunkte wie der Senat, welcher die Mark Banco nicht für Währung, sondern für Waare erklärte; „sie repräsentire ein bestimmtes „Quantum Feinsilber und könne, da sie Waare sei, nicht convertirt „werden, noch dürfe sie es; die Verpflichtung, Silber zu liefern, sei „unabhängig von der Frage, ob im Uebrigen Silber die Grundlage „der Deutschen Währung bilde; gerade so wenig" — werde von dieser Seite gesagt — „wie derjenige, der Weizen versprochen hat, berechtigt „sein kann, dafür Roggen zu leisten, könne derjenige, der Mark Banco „d. h. ungemünztes Silber versprochen hat, berechtigt sein, dafür „Gold zu liefern". Der Abgeordnete wies demgegenüber darauf hin, wenn diese Ansicht richtig wäre, dann seien alle Hamburgischen Handelsgeschäfte keine Kaufgeschäfte sondern Tauschgeschäfte gewesen, d. h. es würde sich darum gehandelt haben, für eine Waare eine andere Waare, nicht Geld oder Währung, zu bezahlen. Ein Beweis für die Unrichtigkeit sei, daß Wechsel, die auf eine nicht in Hamburg coursirende Münze lauteten, von dem Schuldner in Hamburg entweder in dieser Münze effectiv oder zum entsprechenden Cours in Banco bezahlt werden müßten, in Courant aber nicht bezahlt werden dürften. Allerdings bestehe zwischen dem umlaufenden und dem Bancogeld ein Unterschied, der in der Möglichkeit der Creirung von Bancogeld liege, und daher sei im Falle der Tarifirung der Bancovalula die Vorsichtsmaßregel erforderlich, die Bank für ungemünztes Silber zu schließen. Kein Grund liege vor, die Tarifirung überhaupt zu unterlassen, da eine solche Handlungsweise eine Fortdauer der von der Regierung bereits für unerwünscht erklärten Bancovaluta zur Folge haben werde.

Lübischer oder Hamburger Courantwährung, 6²/₉₃ Thaler Gold Bremer Rechnung.

Der Abänderungsantrag ging dahin, in § 8 nach den Worten „Courantwährung" die Worte einzuschalten: „in Hamburger Bankvaluta" und für das 20 ℳ-Stück die Reduction auf „13 ℳ 2²⁶/₂₇ ß Hamburger Bankvaluta".

[29]) Vgl. Verhandl. d. Deutschen Reichstags a. a. O. S. 317 ff.

Delbrück erwiderte: die Tarifirung erscheine ihm ungemein bedenklich, da sie ausdrücken würde 1 ℔ Silber sei = 90 ℳ, und also in allergefährlichster Form das Verhältniß des ungemünzten Silbers zum gemünzten Gold feststelle.

Dem widersprach Wolffson dann, da die Tarifirung nicht für das Pfund Silber, sondern für die Mark Banco beabsichtigt sei, also nur für Hamburg Bedeutung haben würde.

Camphausen führte endlich aus, die beabsichtigte Tarifirung würde, da die Einziehung der Münzen der Territorial-Staaten voraussichtlich auf Reichsrechnung erfolgen solle, dazu führen, daß speculationsweise jetzt Silber in die Bank eingebracht würde, und man könne dem Reich unmöglich zumuthen, die Kosten dieser Speculationen später zu decken. — Nach mehrfachem Hin- und Herreden, an welchem sich auch noch der zweite hamburgische Abgeordnete, Schön, betheiligte, wurde der Antrag Wolffson abgelehnt. —

Die Abgeordneten hatten sehr wohl gewußt, warum sie mit solcher Energie für eine Währungs-Regelung durch das Reich eintraten. Daß nämlich daheim in den leitenden Kreisen gegen ein Aufgeben des Bancowährungs-Systems eine tiefgehende Abneigung herrschte, war ihnen nur zu gut bekannt; so sehen wir auch jetzt in Hamburg einen lebhaften, heftigen Kampf um das von der Majorität der Kaufmannschaft für nothwendig erachtete Ziel sich entspinnen.—

Ehe wir indeß auf die Streitigkeiten und ihre endliche Erledigung infolge äußerer Einwirkung eingehen, werfen wir einen Blick auf die Gruppirung der Parteien, wie sie sich gegen Ende des Jahres 1871 gestaltet hatte.

Die Parteien in Hamburg.

Die Anhänger der Neuerung waren die Banken, die große Mehrzahl der Kaufmannschaft und ihre im Binnenlande ansässigen Geschäftsfreunde. An ihrer Spitze stand die Handelskammer unter der Leitung von Soetbeer und des damaligen Vorsitzenden Koyemann. Ihre Gründe, dieselben wie 1865, waren, kurz zusammengefaßt, folgende:

1. In allen Handel treibenden Ländern haben die Seehandelsplätze die gleiche Valuta wie das Binnenland. Warum sollte dies in Hamburg anders sein? Der Einwand, daß bei Einführung einer gemeinsamen Valuta mit dem übrigen Deutschland Berlin als capitalkräftigster Platz den ganzen Wechselverkehr an sich ziehen werde, erschien hinfällig der Betrachtung gegenüber, daß, solange Hamburg in großem Maße Handel treibe, Coursnotirungen auf Hamburg und Wechselgeschäfte mit ihm nicht aufhören würden, daß ferner diejenigen

Länder, denen Hamburg Credit gewähre, zu einem Beharren bei den alten Gewohnheiten leicht veranlaßt werden könnten.[30]) Man handele mit Hamburg nicht um der Bancovaluta willen, sondern um Hamburgs willen in dieser.

Die namentlich vor Gründung des Reichs geltend gemachten Gesichtspunkte, in Hamburg beständen wesentlich andere Zustände als an anderen Handelsplätzen, indem es nicht nur Stadt, sondern auch Staat sei und daher nicht die Verpflichtung habe, die Interessen seines Hinterlandes zu vertreten, sondern nur seiner eigenen Stellung als Vermittlerin des Weltverkehrs eingedenk zu sein hätte — fielen, früher schon eine völlig falsche Auffassung, nun mit dem Augenblicke weg, wo nach der Gründung des Reichs Hamburg mit dem Hinterlande auch politisch zu einem großen Gemeinwesen verbunden war.

2. Durch die fortwährende Umrechnung von Courant und Banco und umgekehrt entstehe eine große Vergeudung von Zeit und Mühe. Deshalb und im Interesse der Geschäftsbeziehungen würde schon vielfach in Courant gerechnet. — Hinzu komme, daß der Detail-Handel durch die Erhöhung der Spesen erschwert, und somit auch die Consumtionspreise erhöht würden und endlich die nicht unbedeutenden Kosten und Verluste, welche der „kleine Mann" bei der Anlage seiner in Courant gemachten Ersparnisse durch die Umrechnung in Banco erleide.

3. Das Waarengeschäft mit dem Binnenlande würde durch eine separate Valuta erschwert. Nur die Käufer an den großen Plätzen, welche Course auf Hamburg notirten, konnten ihre Waare von hier beziehen. Die Händler der kleinen Plätze dagegen mußten für ihren Bedarf sich an jene wenden oder ein theureres Angebot des Hamburger Verkäufers sich gefallen lassen, indem letzterer genöthigt war, bei seiner Preisaufmachung den ungünstigsten Thalercours zur Grund-

[30]) Von dem Gesammtertrage der Wechselstempelsteuer brachten auf:

Tabelle V.

im Durchschnitt der Jahre	Hamburg		Berlin	
	M.	%	M.	%
1871—75	779 677	11,38	974 448	14,16
1876—80	799 249	12,22	655 264	10,02
1881—85	760 634	11,25	766 598	11,32
1886—90	750 000	10,65	860 000	12,70

lage zu nehmen. (Der Handel nur mit Großkaufleuten war bei den Vertretern der alten Richtung allerdings das Ideal.)

4. Das Hamburger Wechselgeschäft litt durch die Bancovaluta, da die Bewohner von Thaler-Ländern Zahlungen in Thaler-Wechseln auf Thaler-Plätze vorzogen.

5. Die Begründung der Bancovaluta auf Reinsilber führte allzuhäufig zu Discontoschwankungen, die nicht aus der Lage des Marktes, sondern dadurch begründet waren, daß größere Mengen Silber für fremde Rechnung aus der Bank gezogen wurden. Der Discont stieg in kürzester Zeit oft um 1—2%, lediglich einer befürchteten Bancogeldknappheit wegen. Hierdurch wurden natürlich die Calculationen einzelner Geschäfte sehr schwer. Ferner wurde bisweilen künstlich durch die Manipulationen interessirter Speculanten ein Sinken des Thalerpreises herbeigeführt, und endlich pflegten die Disconteure, sobald von London her infolge asiatischer Käufe höhere Silbercourse einliefen, in der Befürchtung eines Silberabflusses und demgemäßer Discontosteigerung, sich ihrer Verpflichtungen möglichst schnell zu entledigen und brachten hierdurch ein künstliches Sinken der Course fremder Wechsel zuwege. Erhielt Hamburg mit dem Binnenland die gleiche Valuta, so traf eine Nachfrage nach Silber das ganze Gebiet gemeinsam, und Hamburg hatte nicht mehr den ersten Ansturm allein auszuhalten 2c. 2c.

6. Als letzter Grund machte sich jenes Bestreben nach Aufhebung der nationalen Eigenthümlichkeiten innerhalb Deutschlands geltend, das damals manch' alte Mauer niederriß und frisch und stürmisch die Schranken beseitigte, welche einer einheitlichen politischen und wirthschaftlichen Machtbethätigung des Gesammt-Vaterlandes so lange hemmend im Wege gestanden hatten. —

Die Gegner der Aufhebung.

Auf der Gegenseite waren es zwei Richtungen, welche zum Stehnbleiben auf dem alten Standpunkt neigten.[31])

Zunächst alle jene, welche an der Beibehaltung der Bancowährung ein directes Interesse hatten, d. h.

1. die durch etwa zwanzig Firmen repräsentirte Schaar der großen Geldwechsler, deren Hauptverdienst in der Umwechslung der einzelnen Münzsorten und darin bestanden hatte,

---

[31]) „Eine gewisse Pietät, die Macht der Gewohnheit und eine Menge kleiner aber mannigfacher Privatinteressen wirken nachhaltig für die Aufrechterhaltung der bestehenden Einrichtung". (Hamb. Börsenh. Nr. 18503 v. 15. Nov. 1871.)

für solche, welche kein eignes Bankconto hatten, gegen eine Provision Bankzahlungen vorzunehmen;

2. jene Kaufleute, welche kurzsichtig genug waren, in dem durch Spesenschneidereien bei der Umrechnung der Münzen erzielten Gewinn einen fruchttragenden Geschäftsvortheil zu sehen; die großen Banken erkannten, trotz des auf diese Weise erzielten Gewinns im Cassenconto, dennoch die secundäre Bedeutung des Nutzens gegenüber den Nachtheilen vollkommen an;
3. eine andre Reihe von Kaufleuten, deren Geschäftsinteressen im Wesentlichen mit Ländern der Silberwährung verknüpft waren, namentlich mit dem für Hamburg damals noch ungemein wichtigen Mexico.[32]) Dieses sowie die meisten übrigen mittel- und südamericanischen Staaten pflegte die Endergebnisse seiner Geschäfte in Baarsilber aus Hamburg zu beziehen. (Japan und Ostasien kamen nicht direct in Betracht, da das Geschäft sich im Ganzen auf einige dort etablirte hamburger Häuser beschränkte);
4. auch für den russischen, in jener Zeit sehr wichtigen Handel war es unter Umständen von Bedeutung, besonders in der Zeit der bis zum Kriege herrschenden Rubelparität, Zahlungen in Silber nach dort vornehmen resp. Ansprüchen von dort auf Silber genügen zu können, indem Rußland vielfach von Hamburg aus Silberzahlungen bewerkstelligte;
5. endlich gab es in Hamburg einige größere Edelmetallhändler und eine Metallschmelze, für welche die Hamburger Bank als Hort von Rohmetall einen hohen Werth hatte.

Standpunkt des Senats.

Alle diese Interessen waren für den Standpunkt des Senats, des Hauptvertreters der andern Partei, mit bestimmend. Um jedoch seine Anschauungsweise vollkommen begreifen zn können, müssen wir uns klar machen, was der Senat auf dem Gebiet des Handels eigentlich war. Die Commerzdeputation oder Handelskammer hatte damals noch nicht ihre heutige Bedeutung, wie sie denn überhaupt nicht den Character einer Behörde, sondern den eines Collegiums berathender Sachverständiger besitzt, während der Senat, aus hervorragenden Kaufleuten und Juristen bestehend, sich selbst mit Recht das compe-

[32]) Noch heute blicken diese Kaufleute der Bancowährung mit Wehmuth nach und behaupten, in dem Aufgeben derselben läge ein Grund für die Abnahme der Handelsbeziehungen mit jenen Ländern.

tenteste Urtheil in Handelsfragen beilegte und selbst einen Theil der Functionen einer Handelskammer übernahm. Die conservative Richtung, welche, ein Kennzeichen des zähen niedersächsischen Volkscharakters überhaupt, allezeit in seiner Mitte vorherrschte, hat im Ganzen stets gute Früchte gezeitigt und dem hamburgischen Handel den Ruf der Solidität seiner Einrichtungen und seiner Führung gewahrt, indem von oben herab die Kaufmannschaft von waghalsigem Experimentiren häufig zurückgehalten ward.

Der Senat konnte sich naturgemäß nur schwer bewogen fühlen, die alte vortreffliche Bancowährung gegen eine Neuerung preiszugeben, zumal eine Neuerung, welche ihm auch aus anderen Gründen unlieb war. Es herrschte bis in die Mitte der siebenziger Jahre hinein maßgebenden Orts eine nicht unerhebliche Strömung staatlicher Sonderbestrebungen: Die im Laufe der Jahrhunderte erworbene Erkenntniß, Hamburg sei allezeit am Besten gefahren, wenn es sich auf seine eigenen Füße stellte und seinen Weg unbeeinflußt von außen lediglich nach seinem Interesse ging, war tief eingewurzelt und wohlberechtigt. Seit den Zeiten der Hansa war Hamburg stets nur auf sich selbst angewiesen gewesen, und da es auf diesem Wege seine Größe und Bedeutung erlangte, was Wunder, daß die maßgebende Behörde, welche die Dinge stets am deutlichsten vor Augen gehabt hatte, sich nicht zu schnell und leicht von der alten Anschauungsweise frei machen konnte! Man kannte den preußischen Nachbar noch nicht genügend und glaubte u. a. an den Vorgängen des Jahres 1857 einen genügenden Rückhalt für sein Mißtrauen zu besitzen. Sollte man sich ihm durch einen Uebergang zur Thalerwährung auf Gnade oder Ungnade, wie es schien, ergeben; sollte man sich die Grundsätze für seinen Handel durch die Preußische Bank vorschreiben lassen? — Dabei war noch zu beachten, daß die Grundsätze der Preußischen Bank und des hamburgischen Handelsstandes in der Auffassung des Bankiergeschäfts in vielen Punkten diametral auseinander liefen.[38]) — Es erscheint somit naturgemäß, daß der Senat, dessen Anschauungen sich traditionell weiterbilden, in Berücksichtigung einer Menge politischer und persönlicher Einflüsse zu einer andern

[38]) So hat Herr v. Dechend bei einer Anwesenheit in Hamburg über einen der ersten Bankiers nach längerer Unterredung die Aeußerung gethan, daß die Anschauungen desselben über das Bankwesen durchaus unverständige seien, während dieser Bankier gleich darauf demselben Gewährsmann mittheilte, Dechend habe vom Bankgeschäft keine Ahnung.

Anschauungsweise als die Vertreter des Handelsstandes gelangen mußte. —

Anträge der Handelskammer vom 28. November 1871.

Dies war die Parteigestaltung, wie sie in Hamburg bestand, als am 28. November 1871 die Handelskammer, welche bereits am 3. November den derzeitigen Präses der Deputation für Handel und Schifffahrt, Senator Hübner, darauf vorbereitet hatte, an den Senat eine Eingabe in Betreff der Hamburger Bancovaluta machte.[34])

Es herrsche die weitverbreitete Ansicht, daß infolge des Deutschen Uebergangs zur Goldwährung in der nächsten Zeit ein erheblicher Rückgang der Silberpreise vor sich gehen werde. Der Verkauf großer Mengen von Silber auf dem Weltmarkt, dem voraussichtlich keine Nachfrage aus Asien,[35]) wie in den Jahren 1856—65, gegenübertreten werde, und die gleichbleibende Production ließen das als höchstwahrscheinlich ansehen. Im übrigen Deutschland würde nach der beschlossenen Einführung der Goldwährung eine Werthverminderung des Silbers für Inhaber von später fälligen oder unkündbaren Forderungen keinen Nachtheil bringen, infolge der bestehenden festen Werthrelation zwischen Thalern und Goldmünzen, während für Hamburg bei Beibehaltung des alten Reinsilbersystems aus dem vorauszusehenden Ereigniß eine schwere Gefahr drohe, nicht nur für das Gebiet des Handels, sondern auch für die wichtigen Interessen des Hypothekenwesens, welches in Banco gerechnet wurde.[36]) Die Tarifirung durch das Reich sei für hamburger Banco leider nicht erfolgt, ein Aufhören der Währung aber regierungsseitig in deutlicher Weise für nöthig erklärt. Habe die Handelskammer früher aus eigener Initiative gehandelt, so richte sie ihr Gesuch jetzt an den Senat, gestützt auf die Autorität der Delbrück'schen Aeußerung.

Die wesentlichen Vorschläge des Entwurfs waren: (Vgl. Anlage VII)

1. Feinsilber ist vom Tage der Publication des Gesetzes an nur noch Gegenstand der Belehnung in der Bank.
2. Guthaben können nur durch Reichsgoldmünzen und zur Zeit 1 und 2 Thaler-Stücke des 30 ℛ︀-Fußes fundirt werden. (90 ℳ = 30 ℛ︀ = 59 1/3 ℳ︀Bco[37])

---

[34]) Die Hamburger Bancovaluta in ihrer Beziehung zur Allgemeinen deutschen Münzreform S. 18 ff.

[35]) Asien hatte seit 1850 etwa 4 Milliarden Mark Silber aus Europa gezogen (1800 Jahre früher zog es aus Rom jährlich ca. 20 Millionen Mark). Vgl. H.-B.-H. Nr. 18794 v. 26. Oct. 1873.

[36]) Die Höhe der Hypotheken in Hamburg betrug etwa 300 Mill. ℳ︀Bco.

[37]) Das entspricht einer Werthrelation von 15 13/8.

3. 14 Tage nach Publication des Gesetzes ist die Bank berechtigt, beliebig auch Thaler oder Reichsgoldmünze für Reichsmark auszuzahlen, nicht aber verpflichtet.
4. Goldbarren werden mit $919^1/_3$ ℳBco für 1 ℔ fein abzüglich $3^0/_{00}$ Prägungskosten und $^1/_2{}^0/_{00}$ Einlagegebühren angenommen.
5. Die Bank ist berechtigt, nach ihrem jeweiligen Vorrath von Gold gegen Zuschreibung von je $919^2/_3$ ℳBco für das Pfund fein an die Goldconto der Bank stets einlösbare Goldscheine zu emittiren.
6. Beleihungen bleiben erlaubt.
7. Die Bank soll überall in Reichsmark rechnen, $59^1/_3$ ℳBco = 90 ℳ und $919^2/_3$ ℳBco = 1395 ℳ = 1 ℔ fein.
8. Alle in Banco lautenden Zahlungsverbindlichkeiten sind nach dieser Bestimmung rechtskräftig zu leisten, abgesehen von besondern Abmachungen.
9. Die Bank soll allmählich vermittelst ihres Vermögens den Silber-Umtausch vornehmen.

Der Eingabe der Handelskammer hatte sich die Kaufmannschaft in einer Vorstellung vom 24. November 1871 angeschlossen. Der Senat ließ sich jedoch nicht beeinflussen, sondern theilte am 4. December der Handelskammer mit, er vermöge dem vorgelegten Plan seine Zustimmung und Unterstützung nicht zu gewähren, da ihm derselbe vom rechtlichen Standpunkte höchst bedenklich, in der Ausführung überaus gefährlich und unzweckmäßig und durch die zur Zeit obwaltenden Umstände keineswegs hinreichend motivirt sei.

Antwort des Senats.

Aus den Motiven ist hervorzuheben:

ad 1. Die Gesetzgebung würde ein Unrecht begehen, wenn sie ohne zwingende Nothwendigkeit die vertragsmäßigen Verhältnisse zwischen Gläubigern und Schuldnern gewaltsam alterirte. Eine Nothwendigkeit läge zur Zeit aber nicht vor. Die neue Münzgesetzgebung betreffe das Bancogeld in keiner Weise, da es überhaupt keine Münze, „kein vom Staate ausgegebenes, durch das Monopol des Münzregals erzeugtes, vom Staate gewährleistetes und daher auch von ihm nach Umständen wieder abzusetzendes und einzulösendes Zahlmittel" sei, sondern eine conventionelle Handelswährung. Die Bank sei ein Privatinstitut, und ohne höhere Gewalt dürfe man in deren Geschäftsgang nicht eingreifen.

ad 2. Die Maßregel würde auch erfolglos sein, da wohl niemand leicht Goldmünzen oder Thaler einbringen würde auf die Gefahr hin, das minderwerthige Silber dafür wiederzuerhalten. Man müßte also eventuell das gesammte Silber auf einmal in Gold oder Thaler umsetzen, was nichts anderes hieße, als eine Menge von Nichthamburgern und fremden Regierungen auf hamburger Staatskosten zu bereichern, da solchen ein großer Theil des Bankfonds gehöre. Das Silber würde andrerseits durch das große Angebot erheblich im Course fallen, somit die befürchtete Entwerthung gerade durch das Gesetz bewirkt werden. Ueberdies würde die neue Bankwährung nichts Andres, als eine neue hamburgische Partikularvaluta bedeuten, deren sich in Zukunft niemand mehr bedienen werde, weil sie durch den Ausschluß der Banknoten theurer sein würde, als die courante.

ad 3. Es erscheine äußerst fraglich, ob das Silber überhaupt wirklich dauernd fallen werde. Die Entfernung des Silbers aus Deutschland würde vermuthlich allmählich vor sich gehen, und dementsprechend allmählich auch eine Geschäftsführung in Mark Banco aufhören. Wie jetzt Courant gegen Banco, würde dann, da auch die öffentlichen Preiscourante für Waaren und Effecten, sowie die Geld- und Wechselcourse nicht mehr in Banco sondern in Courant notirt werden würden, von solchem Zeitpunkt an Banco gegen Courant variiren. Höchstens wäre ein Gesetz einzubringen, daß nachstehenden Hypothekengläubigern nicht gestattet sein solle, gegen eine Convertirung vorstehender Hypotheken zum Course von höchstens 150 ℳ für 100 ℳ Bco Einspruch zu erheben. Eventuell könne man neben der bisherigen Silberbank eine neue Courantbank errichten, obgleich dies zwecklos erscheine.

Fortsetzung der Verhandlungen.

Den Einwänden des Senats trat die Handelskammer am 24. December mit einer erneuten Vorstellung entgegen. Sie habe die Antwort eingehend erwogen, sei jedoch nicht von der Ueberzeugung betreffs der Richtigkeit und Dringlichkeit ihres Antrages zurückgekommen. Die Handelskammer sah nicht ein, wieso die Convertirung der Mark Banco rechtlich weniger zulässig sein solle, als die aller übrigen deutschen Währungen. Sie wies auf das Hamburgische Einführungsgesetz zum deutschen Handelsgesetzbuch vom 22. December 1865 zum Art. 336 H.G.B. hin, in welchem ausdrücklich die Verwandlung fremder Münzsorten in Banco als Landeswährung angeordnet wird. Wie die Gesetzgebung 1770 und 1790 bestimmt habe, statt Speciesthaler künftig Feinsilber zur Begründung von Guthaben in der Bank zu verwenden, könne sie auch ohne Zweifel anordnen, daß in Zukunft in der Bank wieder gemünztes Edelmetall verwandt werden solle. Das Reich habe die Zulässigkeit der

Convertirung nicht etwa geleugnet, sondern der Particulargesetzgebung überlassen. Durch die Convertirung des Bankfonds sollte die Staatscasse in keiner Weise in Anspruch genommen werden; das eigene Vermögen der Bank werde zweifellos zur Deckung etwaiger Unkosten ausreichen. Die hamburger Verkäufe würden auch keinen Eindruck auf den Weltmarkt resp. das Sinken des Silberpreises herbeiführen. Man möge nur bedenken, daß der Baarvorrath der Preußischen Bank 140 Millionen Thaler betrage, die Silbereinfuhr Englands 1870: 10 649 000 £ gewesen sei, während in Hamburg der Silbervorrath in Barren noch nicht einmal 16 Millionen ℳBco erreiche. Die Bank werde auch nach einem Uebergang zur neuen Währung ihre Hauptaufgabe als Depositorium von Geld und als Clearinghouse weiter erfüllen. Die derzeitigen Umstände seien außerordentlich günstig, schon deshalb erscheine ein möglichst rasches Vorgehen weit rathsamer, als ein etwaiges Abwarten, bis sich die Dinge von selbst geordnet hätten.

Die Handelskammer überreichte deshalb ihren Entwurf nochmals, mit dem inständigen Ersuchen: „Hoher Senat möge geneigtest das Weitere veranlassen, um im Sinne dieser Vorlage durch die Gesetzgebung eine fernere, directe Creirung von Bankgeld durch Silberbarren zu sistiren und eine zeitgemäße Abänderung der hamburger Bancovaluta ohne Verzug herbeizuführen.“

So wenig wie die erste Eingabe konnte die zweite den Senat bewegen, seinen Standpunkt aufzugeben, wovon er am 26. Januar 1872 die Handelskammer in Kenntniß setzte.[38])

Längere Zeit ruhte jetzt in Hamburg die Angelegenheit. Anders in Bremen, wo am 3. April 1872 der Senat in Uebereinstimmung mit der Handelskammer und gestützt auf ähnliche Argumente, wie sie die hamburger Handelskammer geltend gemacht hatte, einen „Entwurf betreffend den Uebergang zur Goldwährung“ eingebrachte, welcher, von der Bürgerschaft acceptirt, am 30. April in Kraft trat.[39])

Da durch den Senat keine Hilfe zu erhoffen war, entschloß man sich in der Kaufmannschaft zu selbstständigem Vorgehen; am 1. Mai erklären sich die Norddeutsche und Vereinsbank in einer Zeitungs-

---

[38]) Vgl. Hamb. Correspondent v. 2. Februar 1872.

[39]) S.: Soetbeer, Deutsche Münz- u. Bankverfassung S. 85 ff. Die Kosten der Münzeinziehung hatte Bremen ursprünglich selbst übernommen, erhielt sie aber gemäß dem Münzgesetz v. 9. Juli 1873 zurückerstattet.

bekanntmachung bereit, Courantconten zu führen, Thaler, preußische Noten oder Gold als directe Fundirung von Giroconten anzunehmen und beliebig (d. h. unter Berücksichtigung der jeweiligen Umstände) wieder auszuzahlen. Ferner erklärt die Norddeutsche Bank, Thalerwechsel auf Hamburg, Preußische Bankplätze, Leipzig und Dresden zu den Bedingungen der Preußischen Bank, andere Thalerwechsel unter möglichst günstigen Bedingungen in Discont zu nehmen. Man lud zu ausgedehnter Benutzung dieser Einrichtung ein, um den demnächst nothwendig bevorstehenden Uebergang zur Reichswährung thunlichst vorzubereiten. Bei der Commerzbank bestanden übrigens schon seit ihrer Gründung Giroconten in Banco, oder Thalern, und Banco und Thalern.

Der Antrag der Handelskammer in der Bürgerschaft.

Auf die vorbereitenden Schritte folgte ein Versuch, die Maschine der Gesetzgebung von anderer Seite her in Bewegung zu setzen. Hatte die Handelskammer beim Senat nichts erreicht, so gelang es vielleicht besser bei der Bürgerschaft; am 9. Juli, in der 24. Sitzung, brachte der Handelskammerpräsident dort den Entwurf zu einem „Gesetz betreffs Umwandlung der Hamburger Bankvaluta“ ein. Der Antrag wurde, ein Beweis, wie sehnlich man die Regelung herbeiwünschte, am 12. Juli mit 102 gegen 5 Stimmen angenommen.[40]) (Vgl. Anlage VII, Spalte 2.)

Aeußere Ereignisse.

Es ist fraglich, ob der Senat auch diesem Drängen nachgegeben haben würde, wären jetzt nicht äußere Ereignisse eingetreten, die ein längeres Hinauszögern zur Unmöglichkeit machten.

Die ungeheuren, durch die Milliardenzahlungen hervorgerufenen Transactionen griffen auch nach Hamburg hinüber. War hamburger Banco auch nicht ein direct zulässiges Zahlungsmittel für die Milliardenschuld, so boten sich der französischen Regierung doch zwei Wege, die in der Hamburger Bank ruhenden Metallmengen auszunutzen[41]); sie konnte entweder die in ihrem Besitz befindlichen

---

[40]) Vgl. Bericht des Bürger-Ausschusses vom Juli 1872 Nr. 8; ferner Verhandl. zw. Sen. u. Bürgersch. 1872, Juli 12, S. 329. Anlage VII.

[41]) Vgl. Say, Rapport sur le Payement de l'Indemnité de Guerre etc. S. 26 ff. Hier sagt Say: Or le marc banco n'était libératoire, au point de vue de l'indemnité de guerre etc. Demgegenüber sagt der Abgeordnete Wolffson in der Sitzung der Bürgerschaft v. 26. Oct. 1872 (Hamb. Börsenh. Nr. 18795), daß Hamburger Banco durch den Versailler Vertrag von der Preußischen Regierung als Zahlmittel zum festen Course von 150 acceptirt worden wäre. Auch an anderen Stellen finden sich Andeutungen, daß die Preußische Regierung, anfangs verpflichtet, Bancozahlungen

Bancowechsel in Hamburg oder Berlin in Preußische Thaler verwandeln und hiermit vertragsmäßig bezahlen oder, wenn die Course dies günstiger erscheinen ließen, Silber aus der hamburger Bank herausnehmen, dasselbe nach Paris bringen und nachdem es hier in 5 Frcs.=Stücke umgeschmolzen war, als Zahlung nach Deutschland senden.[42])

Von den gezahlten 239 Millionen Francs in Silber stammen 92 Millionen aus der hamburger Bank. Hiervon hatte die französische Regierung 35 643 729 Frcs. direct von Hamburg kommen lassen, während 57 148 716 Frcs. durch private Operationen herangeschafft wurden.

Unter den 5 862 807 290 Frcs., welche die französische Regierung an Wechseln aufkaufen ließ, waren für 535 841 617 Frcs. Banco-Wechsel (280 707 013 ℳBco zum Course von 1,9089) befindlich. Hiervon wurden 120 194 296 ℳBco in deutsche Werthe umgewandelt. Anfangs waren sie ohne Abzug von Deutschland angenommen worden; später hörte dies auf.

Von den 280 707 013 ℳBco entstammten:
207 566 408 directen Ankäufen,
9 483 638 der Conversion von Holl. Gulden,
24 321 351 „ „ „ 45 571 919 Belg. Frcs.,
39 335 616 „ „ „ £ Strl.

Ein derartig ungeheures Wechselportefeuille gestattete natürlich der französischen Finanzverwaltung, auf die hamburgischen Course maaßgebend einzuwirken, und wie Say bemerkt, geschah es auch (das in Hamburg befindliche Depot von Wechseln für die französische Regierung betrug am 31. December 1872 141 900 000 Frcs.), jedoch

---

anzunehmen, sich hiervon später durch eine besondere Abmachung wieder befreit hat. Es scheint, als ob die letztere Auffassung die Verpflichtung zur Annahme von Geld mit der Bestimmung des Frankfurter Vertrags verwechselt, wonach das Reich Wechsel ersten Ranges nach dem erlösten Betrag anzunehmen verpflichtet war.

[42]) Die Course waren günstig in dem Moment, wo die Arbitrage ergab, daß Silber in Hamburg gekauft incl. der Transportkosten nach Paris und der Prägungskosten hier im Vergleich zu der zwischen dem Reich und Frankreich abgemachten Relation von 3,75 ℳ für 5 Frcs einen Gewinn versprach. Say berichtet ausführlich, inwieweit hiervon durch Ankauf von Bancogeld und Wechseln auf Hamburg Gebrauch gemacht worden sei. (59⅓ ℳBco d. h. 500 gr Feinsilber incl. der Transportkosten nach Paris ergab 110 Frcs. 59,5 cts.

„mit Mäßigung und nur um die Course halten und günstige Umrechnungsbedingungen erlangen zu können".

Die Transactionen für die französische Regierung wurden in Hamburg durch die beiden Bankhäuser Norddeutsche Bank und L. Behrens Söhne ausgeführt. Sie gehörten zu einer Gruppe von 55 Bankiers oder Consortien aller Länder, welche mit der französischen Regierung einen Vertrag geschlossen hatten, demzufolge sie gegen eine Provision auf sich Wechselziehungen gestatteten, respective von der französischen Regierung bei ihnen deponirte Werthe zeitweilig bis zu anderer Verwendung gegen geringe Zinsen verwahrten.[43]) —

Ende August und Anfang September wurden 48 Millionen ℳBco fällig. Um sich dafür zu stärken, zogen die Bankiers successive größere Mengen Silber heran. Sei es nun infolge eines Rechenfehlers, oder der momentanen Lage des Marktes — jedenfalls gelang ihnen das nicht so vollkommen, wie es nöthig war, und so begannen sie gegen Ende August alle von ihnen auf kurze Frist gegen Wechsel ausgeliehenen großen Summen an der Hamburger Börse einzufordern. Die Folge war, daß der Discont, welcher

am 24. August $3^1/_4$—$3^3/_4$ % betragen hatte,
„ 26. „ auf $3^1/_2$—4 %,
„ 29. „ „ 4—$4^1/_2$ %,
„ 9. September „ $4^1/_2$—5 % stieg und erst
„ 12. „ „ 4—$4^1/_2$ % wieder zurücksank, nachdem durch ein Decret des Senats die Bestimmung aufgehoben war, welche die in der Bank zulässige Belehnung auf höchstens 7 Millionen ℳBco festgestellt hatte, sonst wäre, wie Say richtig bemerkt, den Betheiligten die Erfüllung ihrer Verpflichtungen überhaupt nicht oder nur mit ungeheuren Opfern möglich gewesen.[44])

Die Zahlen, welche umstehend die Höhe des Bankfonds angeben, zeigen deutlich, daß hier die Reinsilber-Währung mit ihrer sicheren Baardeckung nur noch eine Fiction war, und daß, wenn die Reichs-

---

[43]) Auf diese Weise wurden die ungeheuren Summen möglichst lange in Verkehr gehalten und schützten die französische Finanzverwaltung vor allzu großem Zinsverlust.

[44]) Im Uebrigen sind die Ausführungen Says, soweit sie die Hamburger Bank betreffen, Zeugen äußerst mangelhafter Kenntnisse der einschlägigen Verhältnisse; z. B. spricht er von einer Liquidation der Bank im Jahre 1873, zu einer Zeit (1874), als dieselbe noch thatsächlich besteht. Die Einführung der Silbervaluta verlegt er in's Jahr 1763, u. a. m. Vgl. a. a. O. S. 26 ff.

regierung von ihrem Recht Gebrauch gemacht und sofortige Auszahlung verlangt hätte, dies ebenso unmöglich gewesen wäre, wie bei einer Notenbank die sofortige Einlösung aller coursirenden Noten.

Tabelle VI.

1872	Silbervorrath in Barren Bco ℳ	Belehnung auf Silbercontanten Bco ℳ	Belehnung auf Gold in Münze und Barren Bco ℳ	Belehnung auf Kupfer Bco ℳ	Gesammtguthaben der Interessenten Bco ℳ
Juli 4.	15 259 734	1 660 309	1 470 686	—	18 390 729
11.	15 735 358	1 747 029	1 450 088	—	18 932 475
18.	17 350 631	2 674 984	1 410 954	—	21 436 569
25.	18 867 013	2 879 299	1 372 351	—	23 118 663
August 1.	19 172 336	2 914 186	1 357 116	—	23 443 638
8.	21 601 027	2 914 186	1 117 425	—	25 632 638
15.	23 334 628	2 734 076	1 032 037	—	27 100 741
22.	23 762 788	2 734 076	1 936 552	—	28 433 416
29.	26 875 183	2 957 675	2 328 668	—	32 161 526
Septbr. 5.	32 741 558	2 880 008	2 790 206	—	38 411 722
12.	39 250 410	11 837 483	5 318 351	—	56 406 244
19.	43 544 335	11 778 987	5 225 841	—	60 549 163
26.	44 631 366	9 844 691	5 164 611	—	59 640 668
October 3.	46 352 138	10 517 298	3 854 184	—	60 723 620
10.	47 670 939	10 529 367	3 337 466	—	61 537 772
17.	49 428 447	10 180 188	3 136 339	—	62 744 974
24.	45 586 390	9 890 278	2 575 122	—	58 051 790
31.	45 306 399	9 758 065	2 254 207	—	57 318 671
Novbr. 7.	47 035 790	9 773 595	2 161 546	—	58 970 931
14.	37 426 763	9 237 804	820 663	—	47 485 230
21.	30 466 470	9 133 476	759 800	—	40 359 746
28.	29 950 148	9 114 389	759 800	—	39 824 337
Decbr. 5.	29 932 579	8 142 915	515 178	—	38 590 672
12.	30 228 162	7 147 271	339 063	—	37 714 496
19.	30 023 320	6 948 117	396 762	—	37 368 199
27.	31 008 498	4 798 382	364 344	—	36 171 224

„Was ist der Werth einer Deutschen Sondervaluta“, wurde in der Börsenhalle bemerkt (Nr. 18758), „welche, ohne daß die mindesten „Crediterschütterungen vorgekommen wären, durch bloßen Mangel an

„Zahlmitteln den Discont um 2% in die Höhe gehen macht, die dann „die Zahlmittel herstellte durch zeitweise Anlehnung an die Thaler„valuta, von der sie also nur scheinbar unabhängig ist; die es mit „sich bringt, daß wenige Bankiers alles Rohsilber der Welt nach „Hamburg ziehen können, um für einen vorübergehenden Zweck Geld „zu machen mit dem Effect, daß ein Rechenfehler auf ihrer Seite der „ganzen Börse Opfer an höheren Zinsen auferlegt!" — Das war der richtige Moment zu einem endgiltigen Sturm auf den Widerstand des Senats gegen die Aufhebung der Bancovaluta. Man konnte darauf hinweisen, wie die Preußische Bank inzwischen alle großen Transactionen ohne Schwierigkeit vollzog, die Frankfurter Bank im Besitz von 55 Millionen Baar sei, bei einem Notenumlauf von 25 Millionen, nachdem sie soeben ohne Schwierigkeit 30 Millionen Gulden auf Rechnung der französischen Regierung ausgezahlt hatte. Man machte sich ferner klar, daß es bei den noch bevorstehenden Operationen jeder fremden Regierung, jeder großen Finanzkraft möglich sein werde, durch einen Handstreich, Präsentation und Einziehung einer Menge Wechsel auf einen Zug ganz Hamburg zahlungsunfähig zu machen.

Eingreifen des Reichs.

Dazu kam eine gleichzeitige Action der Reichsregierung beim Senat in Hamburg.[45])

Es war dem Reiche natürlich äußerst lästig, direct oder indirect große Silbermengen, während man solche ja gerade abzustoßen bestrebt war, in Zahlung zu empfangen. Man schrieb deshalb vom Reichskanzleramte aus an den Senat und fragte freundschaftlich an, wie es denn mit dem Beschluß der Bürgerschaft über den Antrag Koyemann stände, indem man zur freiwilligen Abschaffung der Bancovaluta rieth, eventuell würde im Frühling bei der Vorlegung des definitiven Münzgesetzes die Bancovaluta sonst zwangsweise beseitigt werden müssen.

Der Senat soll hierauf in diplomatischer Form geantwortet haben, daß man der Frage näher getreten sei, im Princip der Aufhebung zuneige u. s. w. Die Antwort soll indessen in Berlin nicht befriedigt haben, jedoch eine mildere Auffassung eingetreten sein, als man vernahm, der Grund dafür liege darin, daß der Senat selbst noch

[45]) Vgl. Hamb. Börsenh. Nr. 18758 v. 14. Sept. 1872. Der dort enthaltene Artikel scheint einer zuverlässigen Quelle entsprungen zu sein. Einsicht in das Actenmaterial konnte dem Verfasser aus erklärlichen Gründen zur Zeit nicht gewährt werden; deshalb lehnt derselbe die Verantwortung für die folgende Darstellung ab.

nicht wisse, was er thun solle; man erfuhr dies nicht auf diplomatischem Wege, sondern durch die beiden großen Bezogenen in Hamburg. — Als im weiteren Verlauf das Silber auf dem Londoner Markt um 1/4 d per Unze stieg und schließlich überhaupt nicht mehr zu beschaffen war, schickten die hamburger Bankiers zwei Emissäre nach Berlin, um günstigere Zahlungsbedingungen auszuwirken. Der Seehandlungs-Director ließ sich von ihnen die Sachlage ausführlich auseinandersetzen, lehnte dann aber ihr Begehren kurzweg ab, um zu zeigen, welche nachtheiligen Folgen die Bancowährung habe.[46])

Antrag des Senats.

Nun sah sich der Senat endlich veranlaßt, vorzugehen: am 23. September erließ er eine „Erwiderung auf die Mittheilung der Bürgerschaft vom 12. Juli des Jahres und Antrag, betr. die Umwandlung der Hamburgischen Bancovaluta".[47]) Er habe sich eingehend mit dem Gegenstand der bürgerschaftlichen Mittheilungen vom 12. Juli beschäftigt und sei mit ihrer Tendenz einverstanden. Die Bancovaluta habe ihren Werth und ihre Bedeutung bei den veränderten Verhältnissen verloren; sie werde neben der Reichsmark nicht fortbestehen können, und da sich dem Uebergang des Handels zu der neuen Valuta ohne vorherigen Schluß der Silberconten Schwierigkeiten entgegenstellten, so müßten einschlägige Bestimmungen getroffen werden.

Mit den Modalitäten des Bürgerschaftsantrages hingegen kann sich der Senat nicht einverstanden erklären. Die Bürgerschaft beantrage sofortige Schließung der Silberconten, Tarifirung der in Banco lautenden Verpflichtungen und Umsetzung des vorhandenen Bankfonds in Münze für eigene Rechnung des Vermögens der Hamburger Bank, soweit dieses dazu ausreiche. Der Senat hält eine Tarifirung der Banco-Schulden für bedenklich, indem durch sie entweder Gläubiger oder Schuldner ohne zwingende Nothwendigkeit geschädigt würde. Zu einer staatlichen Conversion des Bankfonds, zu welcher das Bankvermögen voraussichtlich nicht ausgereicht hätte, kann er sich nicht verstehen, weil dadurch das Bankvermögen anderen Zwecken entzogen und auswärtige Bankinteressenten auf Kosten des Hamburgischen Staats bereichert werden würden. Als einfachster Weg erscheint die Ansetzung eines Termins für die Schließung der Silberconten, lang genug, um die laufenden Banco-Wechsel und Handelsverbindlichkeiten

46) Die Reichsregierung entledigte sich der in ihrem Besitz befindlichen Bancowechsel meist durch Austausch gegen Londoner Goldwechsel.

47) Vgl. Verhandl. d. Sen. u. d. Bürgersch. 1872, S. 395 Nr. 124 und Anlage VII, Spalte 3.

der Hauptsache nach sich inzwischen abwickeln zu lassen; die Convertirung später fälliger Verbindlichkeiten soll der freien Vereinbarung der Betheiligten überlassen bleiben. Die Regelung der Forderungen in Banco endlich, welche bei Schluß der Silberconten nicht abgelaufen und nicht convertirt sind, sollen auf den Cours von Silber al marco verwiesen werden.

Aus diesen Motiven wurde Schließung der Silberconten nach 6 Monaten vorgeschlagen, sofortige Eröffnung von Conten in Reichsmünze, Notirungen der Course in Banco und Reichsmünze, Belehnung von Edelmetall und fremden Münzsorten in der Bank, die Bestimmung, daß die nach Schluß der Silberconten noch laufenden Zahlungsverpflichtungen nach dem zu diesem Zweck zu notirenden Tagespreis von Silber zu erfüllen seien 2c.

Verhandlungen zwischen Senat und Bürgerschaft.

Die Bürgerschaft war mit den Einzelheiten nicht einverstanden. Es kam zu längeren Verhandlungen[48]) in ihrer Mitte, sodann in einer sogen. gemischten Commission, bis man sich endlich durch beiderseitiges Entgegenkommen einigte und das „Gesetz, betreffs Umwandlung der Hamburgischen Bankvaluta" in nachstehender Form zu Stande kam.[49])

Gesetz betr. Umwandlung der hamb. Bankvaluta.

Gesetz,

betreffend

Umwandlung der Hamburgischen Bankvaluta.

Der Senat hat in Uebereinstimmung mit der Bürgerschaft beschlossen und verkündet hierdurch als Gesetz, was folgt:

§ 1.

Schließung der Silber-Conten.

Am 15. Februar 1873 werden die bisherigen, auf ungemünztes Silber begründeten Conten der Hamburger Bank geschlossen.

Nach diesem Tage kann über das Guthaben auf diesen Conten nur durch Entgegennahme des Silbers disponirt werden. Nicht in ungemünztem Silber zu zahlende Bruch-

[48]) Vgl. Verhandl. d. Sen. u. d. Bürgersch. 1872 S. 424 v. 2. Oct. 1872; ibid. S. 445 Nr. 138 v. 21. Oct.; ibid. S. 510 v. 28. Oct.; ibid. S. 517 v. 4. Nov. Nr. 146; ibid. S. 527 v. 6. Nov.

[49]) Vgl. Hamb. Gesetzsamml. 1872, 1. Abth. Nr. 48 v. 11. Nov. 1872; Anlage VII, Spalte 4.

theile werden in Reichsgoldmünzen oder in Thalern zu dem in § 5 festgesetzten Course ausgekehrt.

§ 2.

Eröffnung von Conten in Reichsmünze.

Binnen acht Tagen nach Publicirung dieses Gesetzes werden in der Hamburger Bank Conten eröffnet, die in „Mark Reichsmünze" geführt und zu deren Fundirung Reichsgoldmünze resp. Zwei- und Ein-Thaler-Stücke Deutschen Gepräges eingelegt werden.

Die Auskehrung der Guthaben auf diesen Conten erfolgt gleichfalls in Reichsgoldmünzen resp. Zwei- und Ein-Thaler-Stücken Deutschen Gepräges.

Summen unter einem festzusetzenden Minimal-Betrage können weder eingebracht noch herausgenommen werden. Hierüber sowie über die zu berechnenden Spesen und sonst nöthigen Bestimmungen wird ein von der Bankdeputation unter Genehmigung des Senats zu erlassendes Regulativ das Nähere enthalten.

§ 3.

Bezeichnung der Zahlungen, welche in Reichsmünze durch die Bank geleistet werden sollen.

Soll für eine Zahlung in Reichsmünze die Regulirung durch die Hamburger Bank stipulirt werden, so ist der Angabe der Summe die Bezeichnung „Bankzahlung" (Bk.-Z.) hinzuzufügen.

§ 4.

Belehnungen.

Nach Schluß der Silber-Conten können von der Bank auf den Reichsmünze-Conten die bisher zur Belehnung zugelassenen fremden Münzsorten, sowie Gold und Silber in Barren belehnt werden.

Die Bankdeputation erläßt hierüber, nachdem sie die Genehmigung des Senats dazu eingeholt hat, die näheren Anordnungen.

§ 5.

Spätere Erfüllung der Bancoverpflichtungen.

Nach Schluß der Silber-Conten sind alle noch laufenden Zahlungsverbindlichkeiten, welche auf Hamburger Banco oder

Speciesbanco lauten, gleichviel wie ihr Ursprung und die Zeit ihrer Contrahirung, durch Bankzahlung in Reichsgoldmünzen oder in Zwei- und Ein-Thaler-Stücken Deutschen Gepräges zu erfüllen, und zwar nach dem festen Course von 150 ℳ Reichsmünze gleich 100 ℳ Bco, wobei es für Speciesbanco bei dem Aufschlage von $1^5/_8$ per mille und wegen des sogen. alten Geldes bei der Bestimmung des Münzedicts von 1622 sein Bewenden behält. Die vor dem 15. Februar 1873 oder am 15. Februar 1873 verfallenen, oder nach diesem Tage präsentirten Wechsel werden nach dem Thalercourse des Verfalltages regulirt.

§ 6.

Transitorische Bestimmungen.

1. Während einer Uebergangsperiode, welche vom Eröffnungstage der Conten in Reichsmünze bis zum 15. Mai 1873 einschließlich läuft, können die Interessenten ihr Guthaben auf den Silber-Conten, ganz oder theilweise, auf ihre Reichsmünzeconten übertragen lassen, und zwar nach dem Verhältniß von 145 ℳ Reichsmünze für 100 ℳ alte Bankvaluta. Diese Uebertragungen sind nur als Belehnungen anzusehen.

   Der übertragene Betrag kann während der Uebergangsgeriode jederzeit ganz oder theilweise an das Silber-Conto zurückgeschrieben werden.

   Mit dem Ablauf der Uebergangsperiode müssen alle Rückübertragungen stattgefunden haben, widrigenfalls die Bankverwaltung ermächtigt ist, das belehnte Silber für Rechnung des betreffenden Interessenten zu realisiren.
2. Während der Uebergangsperiode sind nur die Einleger von Reichsgoldmünzen und Thalern berechtigt, ihr Guthaben bis auf Höhe des von ihnen eingelegten Betrags in Reichsgoldmünzen oder Thalern herauszunehmen.
3. Während der Uebergangsperiode sollen weder für Einbringen noch für Herausnahme von Reichsgoldmünzen oder Thalern Spesen berechnet werden.

Gegeben in der Versammlung des Senats.

Hamburg, den 12. November 1872.

In den Debatten, welche der definitiven Annahme vorausgingen, sind zum letzten Male alle jene Gründe einander gegenübergetreten, welche in heftigem Kampf fast zwei Jahrzehnte lang die öffentliche Meinung zu lebhaftester Diskussion erregt hatten, um dann für immer auf das Gebiet historischer Curiositäten verwiesen zu werden.[50])

In der Folgezeit handelte es sich darum, die nothwendig aus der Neuerung sich ergebenden Schwierigkeiten für den Uebergang durch geeignete Bestimmungen möglichst zu erleichtern. Die Bankverwaltung erließ am 12. November zu diesem Zweck ein Regulativ.[51]) — Als Mindestbetrag für die Einbringung von Reichsmünzen wurden vom 15. November an Beutel mit 450 20 ℳ-Stücken, 900 10 ℳ-Stücken oder 500 Thalern Deutschen Gepräges festgesetzt. Bis zum 15. Mai 1873 waren nur die Einleger berechtigt, sie wieder herauszunehmen. Den Interessenten war es vom 15. November an gestattet, ihr Guthaben nach dem Verhältniß von 145 ℳ für 100 ℳBco auf Reichsmünzenconto lehnsweise abzuschreiben, die Rückübertragung hatte aber bis zum 15. Mai 1873 stattzufinden. — Uebergangsbestimmungen.

Es war für den Handelsstand von großer Wichtigkeit, daß die genügenden Mengen von Reichsmünzen rechtzeitig nach Hamburg

---

[50]) Die Debatte hatte sich natürlich im Wesentlichen um die streitigen Punkte gedreht. Wolffson wies nach, wie das Unterlassen einer Tarifirung unzulässig erscheine, da kaum anzunehmen sei, daß nach Schluß der Silberbank in Hamburg Silbercourse ferner notirt werden könnten; vielmehr würde man von den in London gezahlten Preisen abhängig werden. Es erscheine nun unmöglich, das Interesse des Hamburger Gläubigers von den in London etwa gerade eingelaufenen Silbersendungen aus Westindien und Silberaufträgen aus Asien abhängig zu machen. Die Anschauung des Senates, daß Banco Waare und nicht Währung sei, widerlegte der Redner durch den Hinweis auf die Bestimmung des Hamburgischen Einführungsgesetzes zur Wechselordnung, welches die Bancomark als Werthangabe in Wechseln zuließe, während doch das Gesetz ausdrücklich bestimmte, daß Wechsel stets auf Münze zu laufen hätten.

In der Frage nach dem staatlichen Eintreten für die Convertirung zeigte Senator Petersen die Uebereinstimmung der Grundideen des jetzigen Senatsentwurfes mit den Vorschlägen der Handelskammer resp. Soetbeers aus dem vergangenen Jahrzehnt.

Zum besseren Verständniß der Verschiedenheiten in den einzelnen Entwürfen sind im Anhang die Entwürfe der Handelskammer von 1872, das von der Bürgerschaft angenommene Gesetz vom Juli 1873, der Senatsentwurf vom September d. J. und das definitive Gesetz nebeneinandergestellt. Vgl. Anlage VII.

[51]) Regulativ betr. Umwandlung der Hamburger Bankvaluta.

eingeführt wurden. Darum wandte sich, wie wir weiter unten sehen werden, die Handelskammer mit einer Eingabe[52]) an den Senator Kirchenpauer, Präses der Deputation für Handel und Schifffahrt, in welcher sie ihn ersuchte, die Errichtung einer Commandite der Preußischen Bank in Hamburg zu veranlassen, die es in der Hand habe, die bevorstehenden Veränderungen durch ihre Maßnahmen zu erleichtern oder zu erschweren. Dem Gesuch wurde keine Folge gegeben.[53])

Die Banken bereiteten den Uebergang Ende December 1872 durch eine Bekanntmachung vor, daß sie zunächst die alten Conten weiterführen wollten; am 16./17. Februar sollten die Courant-Conten in Reichsmark umgewandelt werden. Betreffs der Convertirung der Banco-Conten würden sie s. Zt. angemessene Vorschläge machen, Preußische oder Sächsische Thaler-, Courant- und Reichsmark-Wechsel sollten fortan zu den Bedingungen der Preußischen Bank discontirt werden, und man beabsichtigte, dem Berliner Cassenverein entsprechende Einrichtungen für tägliche und Ultimo-Liquidationen von Effecten einzuführen.[54])

Die Banken waren, wie man aus letzterem Passus sieht, nicht geneigt, mit der theuren Hamburger Bank, nachdem der durch die Währung begründete Zwang hierzu weggefallen war, weiter zu arbeiten, vielmehr versuchten sie auf jede Weise, einem Fortbestehen derselben entgegenzuarbeiten. Umgekehrt wünschte ein anderer Theil der Kaufmannschaft lebhaft nach wie vor an ihren Einrichtungen festzuhalten.

Reformen in der Hamburger Bank.

Zu diesem Zweck wurde eine Commission von Kaufleuten eingesetzt, welche, am 7. Januar zusammengetreten, eine Reihe von Reformvorschlägen machte. Davon am Wichtigsten sind die am 17. Januar[55]) ausgesprochenen Wünsche:

1. einer sofortigen Einführung von Effectiv-Conten in Reichsmünze,

---

[52]) Eingabe, betr die Errichtung einer Filiale der Kgl. Preuß. Bank in Hamburg. (Manuscript).

[53]) Bei den Verhdl. d. Bürgersch. über die Valutaconvertirung hatte der Abgeordnete Roscher einen ähnlichen Antrag gestellt, da er aber keine genügende Unterstützung fand, wieder zurückgezogen.

[54]) Der Plan blieb auf sich beruhen, denn als man an die Ausführung heranschreiten wollte, zeigte es sich, daß in Hamburg mit seinem entwickelten Giroverkehr für einen Cassenverein kein Platz sei. Eine errichtete Börsen-Liquidationsbank ging gleichfalls wieder zu Grunde.

[55]) Vgl. Hamb. Börsenh. Nr. 18856 v. 9. Jan. 1873 u. 18863 v. 17. Jan.

2. Herabsetzung der Einlagen von 9000 auf 1500 ℳ,
3. Eröffnung einer Casse,
4. Einführung von Checkzahlungen.

Dementsprechend erließ die Bankdeputation am 30. Januar einen Nachtrag zu ihrem ersten Regulativ,[56]) daß vom 15. Februar bis 5. Mai Effectiv-Conten geführt werden, das Minimum der zulässigen Einlagen und Herausnahmen 1500 ℳ betragen, und daß Reichsmünzen und Thaler gegen Anweisung auf den Inhaber mit laufender Nummer — Check — ausgezahlt werden sollten. Vollziehung des Uebergangs.

Um den Uebergang zu erleichtern, nahm die Bank gegen einen Revers des Einbringers Münzen in versiegelten Beuteln sofort ungezählt und unsortirt an und erklärte sich bereit, alle Guthaben unter 3000 ℳBco am 15. Februar unentgeltlich auf Effectiv-Conto zu übertragen, nachdem in zwei Tagen 1 640 750 ℳ eingebracht waren.

Wie sehr einzelne Private die Hamburger Bank und ihr Fortbestehen ins Herz geschlossen hatten, ist aus der Bekanntmachung einer Firma ersichtlich, welche sich am 7. Febrnar freiwillig bereit erklärte, für diejenigen Bankinteressenten, welche ein Reichsmünzen-Effectiv-Conto zu eröffnen wünschten, den nothwendigen Betrag aber nicht parat hatten, diesen unentgeltlich vorzustrecken.

Die Privatbanken ließen sich erst nach längerem Zögern bewegen, auch ferner mit der Bank in Verbindung zu bleiben. Ursprünglich hatten sie als Bedingung gestellt, daß es beliebig auch gestattet sein müsse, Banknoten zur Fundirung eines Guthabens einzulegen, gaben aber schließlich nach und machten am 18. Februar bekannt, daß sie Guthaben unter 3000 ℳBco zum Course von 150, höhere Beträge zum Course von 148,75 und die bis zum 15. Februar neu eingebrachten Summen zum Tagescours spesenfrei für ihre Kunden zu convertiren gedächten; wer hiermit nicht einverstanden sei, könnte sein Guthaben bis zum 15. Februar incl. in Barrensilber (1 ℔ metrisch fein für $59^1/_3$ ℳBco) in Empfang nehmen; für die Zeit bis zum 15. Mai würden sie Reichsmark-Effectiv- und Reichsmark-Bank-Conten führen, indem es den Inhabern von Effectiv-Conten frei stünde, jederzeit auf Bankconto übertragen zu lassen, nicht aber umgekehrt.[57])

---

[56]) Nachtrag zu dem Regulativ, betr. Umänderung der Hamburgischen Bankvaluta. Die neuen Bedingungen für Belehnung siehe Anlage VIII.

[57]) Auf Reichsmark-Bankconto übertrug man mittels der Bezeichnung Reichsmark-B.-Z.

Daß auf diese Weise die nöthigen Mengen Reichsmünze mit Leichtigkeit herbeigezogen wurden, sehn wir aus dem Bankausweis, welcher lautete:

Tabelle VII.

1873	Silber-Vorrath in Barren *M.*	Belehnung auf Gold in Münze und Barren *M.*	Belehnung auf Silber-Contanten *M.*	Gesammt-Guthaben der Interessenten *M.*
Januar 2 . . .	45 171 100	546 516	6 312 747	52 030 363
9 . . .	36 817 595	518 449	6 312 747	43 648 791
16 . . .	37 440 466	494 622	6 312 747	44 247 835
23 . . .	38 921 266	904 127	6 312 747	46 138 140
30 . . .	40 276 154	757 925	6 336 054	47 370 133
Februar 6 . . .	43 484 605	757 925	5 055 857	49 298 387
	Reichsmünz-Effectiv-Vorrath *M.*	Belehnung auf Gold in Barren und Münze *M.*	Belehnung auf Silber in Barren *M.*	Gesammt-Guthaben der Interessenten *M.*
Februar 20 . . .	12 827 824	—	19 330 673	32 158 497
27 . . .	14 482 240	—	15 875 345	30 357 585
März 6 . . .	12 460 518	—	12 311 673	24 772 191
13 . . .	12 232 388	—	9 443 157	21 675 545
20 . . .	13 911 029	—	8 634 171	22 575 200
27 . . .	13 350 764	—	8 081 570	21 432 334
April 3 . . .	16 834 542	—	7 600 420	24 434 962
10 . . .	15 537 321	—	7 622 170	23 195 491
17 . . .	15 099 450	—	7 566 123	22 665 753
25 . . .	17 110 200	—	7 024 815	24 135 915
Mai 1 . . .	17 035 661	—	6 235 711	23 271 372
8 . . .	12 180 920	—	5 990 624	18 771 544
16 . . .	19 390 726	—	93 000	19 780 726
23 . . .	22 115 365	1 428 241	1 132 200	24 675 806
30 . . .	24 913 044	1 921 389	1 282 200	28 116 663
Juni 5 . . .	25 084 322	2 201 389	1 315 200	28 600 911
12 . . .	22 788 696	1 916 297	712 200	25 417 193
19 . . .	21 245 089	1 932 945	655 200	23 833 244
26 . . .	21 153 469	1 932 945	655 200	23 741 614

Von großem Interesse ist ein Nebenumstand, welcher bei der Convertirungs-Angelegenheit zu Tage trat und beweist, wie sehr dem großen Publikum in Angelegenheiten des Geld- und Fondsmarktes der Ueberblick fehlt. Um nämlich den $1/4$—$1/8$% betragenden Schaden bei der Convertirung zu vermeiden, zog eine große Menge von Capitalisten ihr Geld aus den Giro-Conten der Banken zurück und verwandte es zu Anlagen in Effecten. Die Folge des großen Zudrangs auf diesem Gebiet war selbstverständlich ein erhebliches Anziehen der Course, und dieselben Leute, welche $^1/_4$—$^1/_8$ % Schaden vermeiden wollten, bewilligten anstandslos für die zu machenden Anlagen einen Preis, der um $^1/_2$ % und mehr erhöht war. Wie erheblich diese Beträge gewesen sind, ersehen wir aus folgenden Zahlen: Es standen auf Giro-Conto bei der

Tabelle VIII.

	Norddeutschen Bank ℳ	Vereinsbank ℳ	Commerz- und Disconto-Bank ℳ
Ultimo Dezember 1872. .	13 887 637	26 919 495	unermittelt
„ Januar 1873 . . .	13 529 108	21 688 152	4 130 222
„ Februar 1873 . . .	11 563 462	13 456 532	2 530 882
„ März 1873 . . .	12 475 120	23 430 617	3 653 746
„ April 1873 . . .	10 302 030	15 072 177	5 912 049
„ Mai 1873 . . .	17 070 861	37 761 334	4 703 324

Aus der Folgezeit bis zum Mai, in welcher sich im Uebrigen der Abzug des Silbers in unmerklicher Weise vollzog, unterstützt durch die Bezüge der französischen Regierung, ist nur noch hervorzuheben, daß auf den Zahlungen im Banco-Conto, welchem ja unter allen Umständen bis zum 15. Mai das Silber entnommen werden mußte, ein sogen. Damno oder Disagio stand; mit $^1/_4$ % einsetzend, stieg es auf $^3/_8$—$^1/_2$, Ultimo März sogar auf $^5/_8$ %, sank bis Ultimo April wieder auf $^1/_8$, betrug am 10. Mai $^1/_{16}$ % und erreichte am 14. Mai wieder den Pari-Stand.[58])

Das letzte Denkmal officieller Art wurde der Bancowährung durch eine schlichte Notiz im Anschluß an den am 17. Mai 1873 veröffentlichten Bankausweis gesetzt: „Die Interessenten der Bank wollen sich nun wieder weißer Abschreibezettel bedienen".[59])

---

[58]) Die Banken vollzogen ihrerseits den Uebergang mit verschiedenem Erfolg, die Nordd. Bank erzielte einen Gewinn von 60 000 ℳ (namentlich wohl durch ihre Verbindung mit der französischen Regierung) wohingegen die Vereins- und Commerzbank einen Verlust zu verzeichnen hatten.

[59]) In der Uebergangszeit waren auf den Reichsmünzen- resp. Effectiv-Conten theilweise rote und blaue Bankzettel zu dem genannten Zweck verwandt worden.

Eine Periode von 103 Jahren hat mit dem 15. Mai 1873 ihren Abschluß gefunden. Im Jahre 1770 als rettender Gedanke begrüßt, war die Reinsilber-Bancovaluta Decennien hindurch Hamburgs höchsten Stolz, dann Gegenstand pietätvoller Schonung neben sachlichen Angriffen; als sie endlich aber eine große Gefahr erzeugte, verschwand sie vom Schauplatz der Oeffentlichkeit — ein eigenthümlicher Zufall — gerade in jenem Augenblick, als die Hamburger Fondsbörse, fortgerissen von dem Strudel der untergehenden Schwindelepoche, zum ersten Male die ganze Wucht einer Finanzkrise über sich ergehn fühlte. So gewaltig ertönten die Warnungs- und Schreckensrufe aus deren Umgebung, daß sich die Stimmen kein Gehör zu schaffen vermochten, welche der alten, lieben Einrichtung einen wehmüthigen Nachruf zu halten gedachten. Sang- und klanglos scheidet die Bancovaluta aus dem Kreise ihrer Wirksamkeit.

Drittes Kapitel.

Der Schluß der Bank und die Errichtung einer Reichsbankhauptstelle in Hamburg.

Der Uebergang zur neuen Währung hat die Ansichten aller derer zu Schanden gemacht, welche die Folgen eines solchen Schrittes sowohl für die Uebergangszeit als auch die Zukunft des hamburger Handels in den schwärzesten Farben geschildert hatten. Die Krisis, welche gerade herrschte, machte unter den neuen Verhältnissen auf den eigentlichen Handel, d. h. das Waarengeschäft,[1]) eben so wenig Eindruck, wie sie es unter den alten Verhältnissen gethan haben würde; ein Blick auf die seit jener Zeit, 17 Jahre, uns vorliegenden Resultate beweist, daß Hamburgs Handel nicht etwa Schaden gelitten, sondern erstarkt von Jahr zu Jahr wächst, weiterblüht und gerade im engen Anschluß an sein Hinterland einen ungeahnten Aufschwung genommen hat. Die neue Währung.

Es bleibt noch übrig, einen Blick auf die Ereignisse zu werfen, welche der Einführung der Reichsmark-Rechnung folgten und ihren Abschluß in der Aufhebung der alten Hamburger Bank und ihrer theilweisen Ueberführung in das neue Institut der Reichsbank fanden. Die Valuta fiel, und alle Ereignisse traten ein, welche von den Anhängern ihres Fortbestehens als überaus gefährlich vorher dargestellt worden waren.

Die Banknote, bisher gewaltsam zurückgehalten, wurde nun wie in allen übrigen Culturstaaten gleichfalls ein integrirender Bestand-

---

[1]) Es ist bemerkenswerth, wie scharf an der Hamburger Börse Waaren- und Fondsgeschäft getrennt sind; während die Krisis an der Fondsbörse im Frühjahr 1873 den Gipfelpunkt erreicht hatte, herrschte an der Waarenbörse, wie der Wochenbericht der Hamb. Börsenh. sagt, wolkenloser Himmel und ein reges, gewinnbringendes Geschäft.

theil der umlaufenden Zahlmittel. Die Privatbanken erklärten sich von vornherein bereit, Preußische Noten und Cassenscheine als dem Metallgeld gleichwerthig anzunehmen; ihnen schloß sich die größte Mehrzahl aller Kaufleute an, indem sie von nun an die Banknote als conventionelles Zahlmittel allerorts anerkannten.[2])

Fortsetzung der Agitation nach Einführung der Preußischen Bank.

Wieder hatte die Handelskammer richtig eingesehen, daß von dem Augenblicke an, wo die Preußische Bank durch die Einführung ihrer Noten in großem Maßstabe einen directen und einschneidenden Einfluß auf den hamburgischen Markt gewonnen hatte, es noch wünschenswerther als früher erschien, durch die Heranziehung einer Filiale derselben ihre Interessen mit denen des hamburger Handelsstandes möglichst eng zu verknüpfen. Sie hatte dementsprechend am 20. November 1872 und am 23. Januar 1873 sich mit den beiden im vorigen Capitel erwähnten Eingaben an den Senat gewandt und diesen ersucht, mit der Preußischen Regierung zur Erreichung des gewünschten Zieles in Unterhandlung zu treten. Auf die erste Eingabe hat der Senat unter dem 3. Januar ablehnend geantwortet, die Gründe der Handelskammer erschienen ihm nicht genügend stichhaltig und die Idee unzeitgemäß, und auch die zweite, welche von mehr als 100 Firmen und Banken mitunterzeichnet war, fand keine bessere Aufnahme. Die Handelskammer hatte aber abgesehen von den durch diplomatische Erwägung und die schwebende Reichsbankfrage veranlaßten Bedenken des Senats durchaus Recht; es mußte für Hamburg von größter Wichtigkeit sein, endlich jenen Centralpunkt für seinen Handel zu bekommen, dessen Fehlen ihm seit Jahrzehnten so vielfachen Nachtheil bereitete, und welcher zugleich einen organischen Anschluß des größten Deutschen Handelsplatzes an sein Hinterland vermitteln konnte.

Es ist sehr wahrscheinlich, daß, falls nicht durch einen Zufall im Jahre 1856 die Gründung zweier großer Actienbanken gleichzeitig erfolgt wäre, ein einzelnes Institut schnell die alte Hamburger Bank in sich aufgesogen haben würde und somit eine dominirende

---

[2]) Auch vorher hatten einzelne unter ihnen, wie berichtet wird, keinen Anstand genommen, von der „verwerflichen Banknote" da Gebrauch zu machen, wo sie durch dieselbe einen kleinen Vortheil erzielen konnten. Auf den sogen. „faulen Noten" der kleinen Mittel- und Süddeutschen Emissionsbanken nämlich ruhte meistens eine Disagio von ca. 1/2%; diese ließen manche Kaufleute an den Tagen der Gehälter- und Lohnausbezahlung bei den Geldwechslern aufkaufen, um ihre Angestellten damit zu bezahlen.

Stellung erlangt hätte. Nur die Concurrenz der gleichzeitig entstandenen Rivalen hatte das verhindert.

Für die jetzt in Hamburg vorhandenen vier großen Banken,[3]) neben denen eine Reihe kleinerer Bankinstitute[4]) neu emporgeschossen und mehrere Privatbankiers dauernd thätig waren, war das Fehlen eines leistungsfähigen Centralstützpunktes sehr unbequem. Wer erschien aber geeigneter, einen solchen Mittelpunkt zu bilden, als die Preußische Bank, deren Einfluß vorher schon durch ganz Deutschland hindurch bis an die Thore der Stadt sich geltend gemacht hatte, nun aber vermittelst ihrer Noten bis in das Herz des gesammten Handels drang, welche in der Lage war, durch ihre Altonaer Filiale und das von dieser seit November 1872, dem Beginn der Reichsmark-Beziehungen auf Hamburg, in ausgedehntem Maße betriebene Incassogeschäft[5]) auf den Cours ihrer Noten in beliebiger Weise einzuwirken, welche endlich alle Zeit bewiesen hatte, daß sie nach besten Kräften und tüchtig geleitet bestrebt sei, dem Handel und Verkehr förderlich zu sein. Erkannte man die Banknote als gleichberechtigtes Zahlmittel an, so mußte man auch für das Vorhandensein einer Einlösungsstelle Sorge tragen, um ein fortwährendes Schwanken ihres Courses zwischen Disagio, Pari und Agio zu vermeiden. Diesen Zustand, der wechselweise dem Lieferanten in Hamburg und dem Remittenten im Binnenlande Geldopfer auferlegt und die Chancen der Geschäfte unsicher gemacht hätte, konnte aber die Preußische Bank durch das von Altona aus betriebene Incassogeschäft unschwer hervorrufen. Hatten ihre Cassenboten an einem Tage eine größere Menge Noten aus der Stadt herausgetragen, so mußten die Banken, welche sich, wie wir sahen, nur bereit erklärt hatten, „thunlichst" den Wünschen ihrer Interessenten in Bezug auf die Wahl des auszufolgenden Zahlmittels Rechnung zu tragen, nothgedrungen, wenn Jemand trotz des

---

[3]) Neben der Norddeutschen und Vereinsbank war im Jahre 1870 die Commerz- u. Discontobank gegründet, und die Deutsche Bank in Berlin hatte, wie in Bremen, so auch in Hamburg, eine Filiale gegründet (1872).

[4]) Unter anderem die Anglo-Deutsche Bank, Internationale Bank, Deutsch-Brasilianische Bank, Hamburg-Berliner Bank, Bankverein 2c.; dieselben waren größtentheils von kurzer Lebensdauer und verschwanden meist nach der Krisis wieder.

[5]) Zu diesem Incassogeschäft strömten der Preußischen Bank die Wechsel von mehr als 150 Filialen zu, wie sie denn für das ganze Gebiet ihrer Thätigkeit der beliebteste Incasso-Mandatar war.

geringen Notenvorrathes solche herausnehmen wollte, eine Entschädigung in Form eines Agio verlangen. Umgekehrt mußte einem allzu lebhaften Zuströmen von Noten und Entnahme von Metallgeld durch ein Disagio begegnet werden.

Zwar unterlag eine Filiale der Preußischen Bank nicht dem absoluten stetigen Einlösungszwang, der gesetzlich allein für den Hauptort Berlin vorgesehen war, aber man konnte doch erwarten, daß die Preußische Bank, in Hamburg domicilirt, den Interessen des hamburgischen Handels nach Kräften Rechnung tragen werde.[6]) Nebenbei war für das hamburgische Commissionsgeschäft in Bezug auf die Einziehung von Wechselforderungen und Zahlungsleistung an kleinen Binnenplätzen durch die als stets sichere, bereite und billige Vermittlerin bekannte Preußische Bank und für den kleinen Geschäftsmann durch ihre notorische Unparteilichkeit im Discontogeschäft ein nicht unwesentlicher directer Geschäftsvortheil zu erwarten.

Ein reifliches Erwägen mußte ergeben, daß ein Fortbestehen der alten Bank unter den neuen Verhältnissen auf die Dauer etwas vollkommen Unmögliches war. Von den drei Functionen, welche sie auszuüben gehabt hatte, war die wichtigste, diejenige der Repräsentantin einer eigenartigen Währung, aufgehoben. Die beiden übrig bleibenden Zweige ihrer Thätigkeit waren seit langer Zeit auch von den andern Banken in einem zusammengenommen weit erheblicheren Umfang als durch die Bank selbst ausgeführt worden. Das Einzige, worin sie sich jetzt noch vor den übrigen Banken auszeichnete, war die in ihren Kellern lagernde größere Menge von Barren, d. h. Edelmetall, welche dem Bouillonhandel und einzelnen Geschäftszweigen dienlich gemacht werden konnten. Das war aber entschieden kein genügender Grund, ein Institut fortbestehen zu lassen, dessen Unkosten in durchaus keinem Verhältniß zu den erreichten wirthschaftlichen Erfolgen standen, und dessen Function ohne jede Schwierigkeit von irgend einer der bestehenden Banken hätten übernommen werden können. Mit der Aufhebung der Bancovaluta war die Bank im Grunde genommen abgestorben, und die vergeblichen Wiederbelebungsversuche der Folgezeit

---

[6]) Die Reichsbank ist auch nicht verpflichtet, außerhalb Berlins ihre Noten bei Präsentation sofort einzutauschen. Sie hat es sich aber zum Grundsatz gemacht, dieses an den wichtigsten Punkten dennoch, wie wir berichtet wurden, in jedem Betrage zu thun, sofern in dem betreffenden Verlangen keine Chicane zu erblicken ist.

sind nichts Anderes, als ein Hinausschieben der Bestattung, bis ein geeigneter Rechtsnachfolger gefunden war.

Die Commission, welche behufs Berathung „förderſamst geeigneter Schritte, durch welche eine der gegenwärtigen Sachlage entsprechende Reorganisation der Girobank angebahnt werden könne", zusammengetreten war, hatte außer den bereits genannten als fernere Punkte einer Reform ins Auge gefaßt: Weitere Reformversuche in der Bank.

1. Zulässigkeit von Belehnungen,
2. Verwendung von Preußischen Scheinen und Noten auf den Effectiv-Conten bis zur Einführung eines neuen Reichsmünz- und Bank-Gesetzes,
3. Zulässigkeit der Domicilirung von Wechseln bei der Bank und Incasso von Hamburger Wechseln für die Bankintereſſenten.

Von diesen Forderungen kam unmittelbar nur die Einführung von Effectiv-Conten, jedoch ohne Zulassung von Banknoten zur Durchführung. — Welch' merkwürdige Pläne übrigens bei den Verehrern der Bank entstanden, zeigt die Nr. 18 878 der Hamburgischen Börsenhalle vom 4. Februar 1870, in welcher die Gründung eines Actien-Cassenvereins vorgeschlagen wird, der Banknoten im Tausch, Wechselhonorirung und Incasso, Geldwechsel, Checkhonorirung 2c., Begründung von Bankconten in der Bank auf Depots hin übernehmen sollte und im Grunde lediglich bezweckte durch die Bestimmung, daß alle seine Kunden sich verpflichten, nur Metallgeld-Zahlungen anzunehmen, die übrigen Hamburger Banken zu einem fortdauernden Anschluß an die Hamburger Bank zu veranlassen.

Wir werfen jetzt einen kurzen Blick auf die wichtigeren Veränderungen, welche in den Einrichtungen der Bank in den letzten Jahren vor sich gegangen sind.

Mit der Einführung der Checkzahlungen[7]) fiel die Nothwendigkeit der Bestimmung weg, welche in älterer Zeit nur in Hamburg Ansässigen gestattete, ein Bankconto zu erwerben.[8]) Der Senat stellte daher am 21. Februar 1873 bei der Bürgerschaft den Antrag, daß in Zukunft auch Personen und Institute, welche in der Umgegend Hamburgs auf nichthamburgischem Gebiet ansässig und zu einem selbstständigen Geschäftsbetriebe berechtigt sind, zur Eröffnung eines Auswärtige Bank-theilnehmer.

---

[7]) Im Jahre 1874 wurden 4909 Cheks im Betrage von 53 605 124,23 ℳ eingereicht gegenüber ca. 370 000 Bankzetteln im Betrage von 2 741 572 951,49 ℳ.

[8]) Ueber die sonstigen Gründe, welche die Theilhaberschaft an den Banken auf deren Domicil beschränkte, vgl. auch Rau, Volkswirthschaftslehre § 285.

Contos in der Hamburger Bank zugelassen werden könnten. Der Antrag fand bei der Bürgerschaft unbedenkliche Annahme. Ferner wurde am 24. Februar 1873 eine Eingabe an den Senat gemacht, die Domicilirung von Wechseln bei der Bank für die Zukunft zu gestatten. Ein hierauf bezüglicher Antrag des Senats vom 26. Februar wurde von der Bürgerschaft gleichfalls angenommen. Letztere Maßregel kam indeß zu spät. Sogleich nach der Aufhebung der Bancovaluta hatte man in der Bankdeputation eingesehen, daß zu einem weiteren Fortbestehen der Bank die bei anderen Banken allgemein übliche Zulassung der Wechsel-Domicilirung unbedingt erforderlich sei. Vorher war der Gebrauch derart gewesen, daß ein auf Banco lautender Wechsel am Morgen des Fälligkeitstages dem betreffenden Acceptanten überbracht und bei diesem, nachdem die Erklärung: „Wird abgeschrieben" abgegeben war, belassen wurde. Die Abschreibung fand dann im Laufe des Tages unweigerlich statt.[9]) Jetzt, wo in der Valuta nicht mehr der Zwang einer Einziehung der Wechsel bei der Bank lag, war niemand sicher, ob nicht etwa am Morgen der Wechsel präsentirt und sofortige Bezahlung verlangt werden würde, während es ihm andererseits nicht freistand, durch den Vermerk „Zahlbar bei der Hamburger Bank" denselben dort zu domiciliren. Man hätte also jederzeit ganz unverhältnißmäßige Baarvorräthe bereit halten müssen, und da sich dieses selbstverständlich als unzweckmäßig erwies, sank innerhalb kurzer Zeit die Zahl der Bankinteressenten von 1300 auf etwa 800 herab.[10]) Jeder Tag zeigt in den damaligen Zeitungen eine Reihe von Anzeigen bedeutender Firmen, daß sie ihr Conto zu

Zulassung von Wechseldomicilirungen.

---

[9]) Der eigenthümliche Umstand, daß die fälligen Wechsel bereits vor der Zahlung dem Schuldner in die Hände gegeben werden, ist kennzeichnend für die ganze Hamburger Geschäftsführung, in welcher das persönliche Vertrauen, die bona fides, eine weitgehende Rolle spielt. So werden z. B. noch heutigen Tages in Hamburg die Quittungen für Hypothekenzinsen, welche früher gleichfalls durch die Bank regulirt wurden, meist schon am Tage vor der Fälligkeit dem Hypothekenschuldner mit der Bemerkung, wohin der Betrag eventuell abzuschreiben sei, zugeschickt; ebenso erhielt in der Hamburger Bank und erhält noch heutigen Tages in allen übrigen Banken Hamburgs derjenige, welcher einen Betrag zum Gutschreiben einzahlte, nicht etwa eine Quittung hierüber, sondern mußte vielmehr einen Zettel mit einreichen, auf welchem die Höhe der Summe sowie das Conto, dem der Betrag gutgeschrieben werden sollte, vermerkt war.

[10]) In der höchsten Blüthezeit hatte sie etwa 1500 betragen, die genauen Zahlen waren leider nicht zugänglich.

einer der Privatbanken verlegt hätten. Die Hauptheilhaber waren fortan nur noch die Behörden, die Actienbanken und die Bankiers, neben denen eine Anzahl von Privaten aus Bequemlichkeit und eine Reihe kaufmännischer Firmen aus alter Anhänglichkeit verharrte. Eine große Zahl der letzteren hat außerdem auch noch mit den Actienbanken in Geschäftsverbindung gestanden.[11])

Einsetzung eines Bankdirectors.

In den Zeiten der Bancowährung hatte die Verwaltung in den Händen eines unbesoldeten Bankcollegiums gelegen. Mit der Einführung der Reichsmünzen-Effectiv-Conten, einer Casse und der damit zusammenhängenden größeren Beweglichkeit des ein- und ausgeführten Geldes, der wachsenden Verantwortlichkeit für die Ueberwachenden — konnten doch viel leichter einzelne Gold- oder Silbermünzen entwendet werden, als vorher die compacten Barren — nahmen die Anforderungen an die Thätigkeit der Verwaltenden in erheblichem Maße zu. Man sah sich genöthigt, eine Aenderung eintreten zu lassen. Eines der Mitglieder erklärte sich bereit, gegen einen entsprechenden Entgelt einen Directorposten bei der Bank zu übernehmen und nach einigem Vorbehalten der Bürgerschaft, welche eifrig darüber zu wachen bestrebt war, daß dem Staatssäckel bei dem vorauszusehenden Aufhören der Bank keine Verpflichtungen zur Zahlung einer Pension erwüchse, wurde der erste und einzige Bankdirector am 26. November 1873 bestätigt.[12])

Die nächsten zwei Jahre bieten nichts des Bemerkenswerthen. Sogleich nach Vollzug des Uebergangs zur Reichsmarkwährung waren die Belehnungen wieder eingeführt mit der Modification, daß natürlich nun das Barrensilber zum Lehngut wurde.[13]) Die Nachweise über die Einnahmen und Ausgaben der Bank waren leider nicht erhältlich, doch steht fest, daß sie in dieser Zeit mit Unterbilanz arbeitete und

---

[11]) Im Jahre 1874 wurden dann 18 516 Wechsel im Betrage von 96 709 577,64 ℳ bei der Bank domicilirt. Davon wurden 14 983 Wechsel im Betrage von 74 202 499,63 ℳ durch Uebertragung und 3583 Wechsel im Betrage von 22 507 078,01 ℳ durch Auszahlung per Cassa regulirt.

[12]) Vgl. hierzu: Verhandl. d. Sen. u. d. Bürgersch. 1873 S. 254 v. 17. Sept.; 14. Bericht d. Ausschusses zur Prüfung der Wahlen ꝛc. Nr. 40, October 1873; Verhandl. d. Sen. u. d. Bürgersch. S. 549 Nr. 151 v. 14. Nov.: Antrag, betr. die Anstellung eines interimistischen Directors an der Hamburger Bank; Mittheilg. d. Senats an die Bürgersch. v. 26. Nov. 1873, S. 577, betr. Anstellung eines interimistischen Bankdirectors und Wahl eines Mitgliedes der Bankdeputation.

[13]) S. Anlage VIII.

nur die Zinsen des im Laufe der Jahre angesammelten Bankvermögens ausreichten, die Verwaltungskosten zu decken.

Das Reichsbankgesetz.

Die Bank ging schnell ihrem Ende entgegen. Das Reichsbankgesetz wurde am 14. März 1875 endgiltig genehmigt und am 18. d. M. publicirt.[14]) In seinem 36. Paragraphen war die Bestimmung enthalten, daß außer an dem Hauptsitz der neuen aus der Preußischen Bank hervorgegangenen Reichsbank an vom Bundesrathe zu bestimmenden größeren Plätzen Reichsbankhauptstellen zu errichten seien. Natürlich kam hier Hamburg in allererster Linie in Frage, und so war jener Moment da, welcher der Kaufmannschaft den ersehnten Centralpunkt brachte. Man erkannte, daß jetzt keine Möglichkeit mehr bestände, die Hamburger Bank ferner zu erhalten; als der Director der Altonaer Filiale der Preußischen Bank sich im Sommer des Jahres an den Senat wandte, um im Namen des Reichsbank-Präsidenten Aufklärung über die Geschäftspraxis der Hamburger Bank zu erbitten, wurde sie ihm bereitwillig ertheilt und eine Anfrage nach Berlin gerichtet, ob die Reichsbank an die Stelle der Hamburger Bank zu treten geneigt sei. Daraufhin erschien der Reichsbank-Präsident v. Dechend persönlich in Hamburg und erklärte die Bereitschaft des Bankdirectoriums dazu, falls das Gebäude der Bank zu einem civilen Preise überlassen würde. Ursprünglich hatte man Hamburgischerseits drei Forderungen als unerläßliche Bedingungen für eine Aufhebung der alten Bank gestellt:

Verhandlungen betr. des Uebergangs der Hamburger in die Reichsbank.

1. Beibehaltung des Giro-Verkehrs in der bisher in Hamburg üblichen Art und Form.
2. Beibehaltung der Belehnung von Edelmetall, fremden Silber- und Goldmünzen.
3. Uebernahme des alten Beamtenstocks.

Der erste und dritte Punkt wurde nach längerer Verhandlung über den ersten zugestanden. Anfangs hatte Dechend auf die neuen Formen des Giro-Verkehrs nicht eingehen wollen; er bat sich Muster der Bücher und Beispiele der Abschreibemethode aus, wurde aber erst dann eines Besseren belehrt, als einer seiner Beamten für längere Zeit in die Hamburger Bank übergegangen war, die übliche Buchungs- und Abschreibeart erlernt hatte und in Berlin aufs Genauste darlegte. Sobald man sich hier von der Zweckmäßigkeit und Durchführbarkeit des Systems überzeugt hatte, acceptirte die Reichsbank dasselbe voll und ganz für die Praxis des gesammten

---

[14]) Reichsgesetzbl. 1875 Nr. 15.

Reichsbankverkehrs; ja, wenige Monate nachdem es von Hamburg aus zur Annahme gelangt war, im Februar 1876, finden wir eine Anfrage des Reichsbankpräsidiums vor, wie sich die Hauptstelle Hamburg zu dem Gedanken stelle, diese Form des Giro-Uebertragungsverkehrs unter Vermittelung der Berliner Centralstelle durch ganz Deutschland hindurch zwischen den einzelnen Bankstellen einzuführen. Die Durchführung des Plans, welcher allerseits lebhafteste und bewundernde Billigung fand, setzte Deutschland in den Besitz einer Einrichtung, deren in gleicher Vollkommenheit kein Staat der Erde theilhaftig ist. Das ganze Land wurde danach zu einem Giroplatz, auf welchem zwischen den Girokunden der Reichsbank die Zahlungen ohne alle Kosten und Umstände ausgeglichen werden.[15]) Im ersten Jahre bereits wurden durch die Neueinrichtung 2 055 192 405 ℳ 14 ₰ von Ort zu Ort übertragen. Die Giro-Guthaben der Bank im letzten Jahre der Preußischen Bank, durchschnittlich 38 267 200 ℳ, stiegen auf einen Durchschnitt von 70 594 600 ℳ.[16]) — In der Frage der Silberbelehnungen gelang es nicht, Zugeständnisse zu erreichen; nach vielen vergeblichen Versuchen entschloß man sich, den Punkt fallen zu lassen. Anfänglich war gegen höhere Zinsen und auf Tage ein eventuelles Entgegenkommen zugesagt worden; dagegen hatte sich betreffs der jederzeitigen Bereitwilligkeit, Gold gegen Banknoten zum Course von 1392 ℳ pro Pfund Gold fein einzulösen, das Bankdirectorium officiös verpflichtet.[17])

---

[15]) Der Uebertragungsverkehr wird derartig regulirt, daß, wenn z. B. drei Hamburger Firmen an einem Tage an sieben Münchener Firmen durch die Reichsbank Zahlung leisten wollen, von der Reichsbank nach Berlin die Mittheilung gesandt wird, Hamburg zahlt an München x ℳ; nach München geht gleichzeitig eine detaillirte Aufgabe über die Absender und Empfänger der zugeschriebenen Summe. Die Centralabrechnungsstelle Berlin rechnet nur mit Reichsbankstellen, wie die einzelne Reichsbankstelle mit Personen. Auf diese Weise bewirken auch die Banken Auszahlungen für ihre Interessenten durch die Reichsbank. Sie lassen an den Zahlungsempfänger eine directe Mittheilung über ihren Mandanten ergehen.

[16]) Ueber die Betheiligung Hamburgs an den Vereinnahmungen auf Giro-Conto im Betrage von 8 411 268 672,84 ℳ (gegen 406 347 315,67 ℳ im Jahre 1875) s. anliegende Tabelle.

[17]) Ein weiteres Entgegenkommen hat die Reichsbank dadurch bewiesen, daß sie heute gegen ein Depot von Werthpapieren auf den Nachweis durch Telegramm, Brief, Schlußnote ꝛc. hin, der Deponent werde Gold in der Höhe von mindestens 1 000 000 ℳ einbringen, den Betrag sofort spesenfrei creditirt.

Senatsantrag betr. Aufhebung der Hamburger Bank.

Als der Senat sich über die Unvermeidlichkeit des Schrittes mit der Bankdeputation in's Einvernehmen gesetzt hatte, brachte er am 13. October die Sache vor die Bürgerschaft.[18]) Ein Fortbestehen der Bank erscheine nach Einrichtung der Reichsbankhauptstelle mit Notencirculation unmöglich. Die Reichsbank habe sich verpflichtet, die bisherigen Hamburgischen Usancen möglichst zu wahren und, da es würdiger erscheine, der Hamburger Bank mit einem Schlage ein Ende zu machen, als sie langsam in sich selbst dahinschwinden zu lassen, möge die Bürgerschaft ihre Genehmigung dem nachstehenden Vertrage ertheilen:

Zwischen dem Senator Emil von Melle, als hierzu ernannten Commissar des Senats der freien und Hansestadt Hamburg, und dem Königlich Preußischen Hauptbank-Directorium ist, unter Vorbehalt der unverzüglich einzuholenden Mitgenehmigung der Hamburgischen Bürgerschaft, der nachstehende Vertrag vereinbart und abgeschlossen worden:

§ 1.

Die Hamburger Bank wird mit dem 31. December 1875 aufgehoben.

§ 2.

Die preußische Bank kauft das am Adolphsplatz und der großen Johannisstraße belegene Grundstück der Hamburger Bank (bestehend in vier Plätzen, zugeschrieben der löblichen Banco dieser Stadt Nicolai C. C. 1, 3, 5 und 7, mit darauf stehendem Gebäude), zum Zweck der Einrichtung einer Reichsbankhauptstelle für den Preis von 900 000 ℳ (Neunhunderttausend Mark).

Das in den Parterrelocalitäten und Kellerräumen befindliche, für die Geschäfte des Giro- und Cassenverkehrs benutzte Inventar der Hamburger Bank soll in den Kauf eingeschlossen sein.

§ 3.

Die Uebergabe erfolgt am 1. Januar 1876 mit Ausnahme der von den beiden Wardeinen bewohnten Räumlichkeiten im Hintergebäude, welche erst am 1. Mai 1876 zu überliefern sind.

---

[18]) Vgl. Verhandl. d. Sen. u. d. Bürgersch. 1875 Nr. 111, S. 434. Dringlicher Antrag, betr. Aufhebung der Hamburger Bank und Ueberlassung des Bankgebäudes an die Reichsbank zum Zweck der Einrichtung einer Reichsbankhauptstelle.

Es wird aber der Reichsbank gestattet werden, die nach ihrem Ermessen erforderlichen Einrichtungen, soweit dieselben, ohne die Hamburger Bank in ihrem Geschäftsbetriebe wesentlich zu beeinträchtigen, ausgeführt werden können, schon im Laufe dieses Jahres zu treffen.

§ 4.

Das Grundstück wird der Reichsbank im Neujahrstermin gegen Zahlung des Kaufpreises im Stadterbebuch zugeschrieben.

Dieser Kauf soll von der Abgabe bei Eigenthumsveränderung der Immobilien und von der Stempelabgabe befreit sein.

§ 5.

Die Reichsbank wird die für sie verwendbaren Beamten der Hamburger Bank mit ihren bisherigen Competenzen übernehmen, und wird das Königliche Hauptbank-Directorium sich innerhalb vier Wochen nach eingetretener Perfection dieses Vertrages über die Personen der zu übernehmenden Beamten erklären.

Hamburg, den 7. October 1875.

Emil von Melle.

Berlin, den 11. October 1875.

Königl. Preußisches Hauptbank-Directorium.

Gallenkamp. Koch.

Die Verhältnisse hatten sich seit 1872 sehr verändert: damals leidenschaftliche Kämpfe gegen die Aufhebung der Valuta, jetzt, als es sich um die Aufhebung des altehrwürdigen Instituts selbst handelte, wurde hierüber kein Wort verloren. Die Bürgerschaft nahm den Antrag des Senats nach ganz kurzer Debatte in der Sitzung vom 20. October 1875 endgiltig an. Ueber diejenigen Beamten der Bank, welche ihres Alters oder ähnlicher Gründe wegen nicht mit übernommen wurden, und die Verwendung des Bankvermögens behielt man fernere Beschlüsse vor, indem zur einstweiligen Liquidation die Bankdeputation im Amte blieb.

Letztere erließ, vom Senate ermächtigt, am 19. November die Bekanntmachung betreffs der Uebergangsbestimmungen, nachdem die Verhandlungen über die definitive Regelung des künftigen Giro-Verkehrs beendigt waren.[19])

[19]) Vgl. Hamb. Amtsblatt v. 21. Nov. 1875 (Nr. 52).

Bekanntm., betreffend die Aufhebung.

Bekanntmachung,

betreffend

die Aufhebung der Hamburger Bank.

In Ausführung des Beschlusses des Senats und der Bürgerschaft v. 13./20. Oct. d. J. betreffend die Aufhebung der Hamburger Bank und was dem anhängig, wird hierdurch das Nachfolgende zur Kenntniß der Betheiligten gebracht:

1.

Bis zum 31. December d. J. einschließlich können die Interessenten über ihr Guthaben nach wie vor durch Uebertragung auf ein anderes Conto oder durch Herausnahme in Metallgeld verfügen.

2.

Am 31. December d. J. Abends werden die Conten der Hamburger Bank geschlossen.

Die Guthaben der da nicht saldirten Conten werden auf die Reichsbankhauptstelle übertragen werden. Es werden also diejenigen Interessenten, die ihr Geld über den 31. December d. J. hinaus stehen lassen, nach diesem Tage bei der Reichsbankhauptstelle und nach den Bestimmungen derselben über ihr Guthaben zu verfügen haben.

3.

Die nach dem 31. December d. J. verfallenden, bei der Hamburger Bank zahlbar gemachten Wechselaccepte werden, insofern die Acceptanten ihre Giroconten bei der Reichsbankhauptstelle behalten und das Erforderliche vorgekehrt haben, von dieser eingelöst, im anderen Falle bei ihrer Präsentation von der Reichsbankhauptstelle an die Adresse verwiesen werden, welche ihr die Betheiligten aufgegeben haben.

4.

Die Belehnungen auf Gold und Silber werden so gekündigt werden, daß sie mit dem 31. December d. J. regulirt sind.

Hamburg, den 19. November 1875.

Die Bankdeputation.

Im Anschlusse an die vorstehende Bekanntmachung der Bankdeputation zu Hamburg vom 19. November bringen wir hiermit zur öffentlichen Kenntniß, daß die mit dem

Beginn des künftigen Jahres zu eröffnende Reichsbank-hauptstelle in Hamburg den Giro-Verkehr der Hamburger Bank im Wesentlichen unverändert fortsetzen wird.

Altona, den 20. November 1875.

Kgl. Preuß. Bank-Commandite.

Das Reich erließ am 17. December eine Bekanntmachung,[20] laut welcher nach Bundesrathsbeschluß am 1. Januar 1876 neben anderen Plätzen auch in Hamburg eine Reichsbankhauptstelle errichtet werden solle. Gleichzeitig wurden die Mitglieder des Bezirksausschusses vom Reichskanzler ernannt und hiervon am 22. December durch den zum Bankcommissarius delegirten Oberstaatsanwalt in Kenntniß gesetzt. Am 1. Januar 1876 übernahmen die altonaer Directoren die Bank mit ihrem Inventar, Büchern und Baarvorräthen aus der Hand des Directors und des Bankcollegiums, um das alte Haus unter dem Namen Reichsbankhauptstelle Hamburg am Montag, den 3. Januar, neu zu eröffnen. Einsetzung des Reichsbank-directoriums.

Die wenigen Dinge, welche aus dem Betrieb der alten Bank noch zu erledigen waren, hat das Bankcollegium im Laufe der folgenden Jahre zu Ende geführt. Die Liquidation des Bankvermögens geschah in der Weise, daß die im Discontogeschäft angelegten Beträge successive der Finanzdeputation zugeführt wurden. Durch Senats- und Bürgerschaftsbeschluß vom 12. April, 28. Juni und 10. Juli 1876 wurde die Verwendung des Bankvermögens in der Höhe von etwa 2 000 000 ℳ zu allgemeinen commerciellen Zwecken beschlossen,[21] demgegenüber der Staat die Pensionsverpflichtungen der Bank in der Höhe von etwa 50 000 ℳ jährlich übernahm. Durch Beschluß vom 4. December 1876/17. Januar 1877 endlich wurde die Bankdeputation nach beendigter Liquidation aufgehoben, die Verwaltung des ihr bis dahin mit unterstehenden Münzwesens in die Hände eines Collegiums bestehend aus zwei Senatoren, zwei bürgerlichen Finanzdeputirten und einem Mitglied der Deputation für Handel und Schifffahrt gelegt und die bisher von der Bankdeputation zu erwählenden zwei Mitglieder der Bürgerschaft auf zwei andere Behörden übertragen. — Liquidation der Hamburger Bank.

Die Reichsbankhauptstelle Hamburg ist vom ersten Augenblick ihres Bestehens an den auf sie gesetzten Erwartungen im vollsten

[20]) S. Reichs-Anzeiger v. 18. Dec. 1873.

[21]) Die erste große Ausgabe aus dem Fonds war die Erbauung eines seit vielen Jahren für nothwendig befundenen neuen Börsensaales. Der Rest fungirt noch heute unter den Beständen des Hamburger Staatsbudgets.

Maaße gerecht geworden. Anfangs boten sich zwar mancherlei Schwierigkeiten bei der Uebernahme einer für die bisherigen Beamten fremden Geschäftspraxis und Technik, aber sie paßten sich ziemlich schnell den neuen Verhältnissen an; bald gelang es der Reichsbank, sich neben den vorhandenen Instituten einen großen und einflußreichen Wirkungskreis zu erwerben.

Der Giroverkehr bei der Reichsbank.

Die Einrichtungen des Giro-Verkehrs, aus der alten Bank in möglichst unveränderter Form hinübergenommen, sollen noch heutigen Tages von denjenigen anderer Städte in einigen Einzelheiten abweichen. Nachstehend folgt das Regulativ über den Giro-Verkehr mit der Reichsbank vom 1. April 1876, welches von dem ursprünglichen am 1. December 1875 erlassenen, außer in einigen formellen Punkten, durch eine Bestimmung abweicht, nach welcher zur Eröffnung eines Girocontos eine vorherige Einigung mit dem Bankvorstand erforderlich sein sollte, während nach der ersten Bestimmung jedermann von vornherein das Recht dazu hatte.

Hamburg, den 1. April 1876.

1. Eröffnung eines Contos.

Die Eröffnung eines Girocontos ist bei dem Vorstande der Reichsbankhauptstelle nachzusuchen und demnächst eine Einzahlung von mindestens 300 ℳ in Baar oder durch Uebertragung von einem anderen Conto zu leisten.

Das Conto kann auf den Namen oder die Firma des Nachsuchenden gestellt werden; letzterer hat seine Unterschrift und diejenige des ev. Bevollmächtigten, welcher im Banklocale persönlich vorzustellen ist, in das hierzu bestimmte Buch einzutragen und empfängt alsdann die Aufgabe des ersten Folio seines Contos, sowie Formulare für Cassa-Anweisungen (gegen Vergütung von 60 ₰ per Heft).

2. Uebertragungsverkehr.

Die Führung des Contos geschieht kostenfrei, dagegen hat der Conteninhaber jederzeit mindestens 300 ℳ auf dem Conto stehen zu lassen. Uebertragungen auf andere Conten resp. Auszahlungen per Casse können bis zur Höhe des Guthabens nach Abzug der erwähnten 300 ℳ in jeder Summe geschehen. Von demjenigen Conten-Inhaber, welcher über mehr als sein Guthaben abzüglich des Minimal-Saldos von 300 ℳ verfügt, wird eine Ordnungsstrafe von $1/2$ % des überdisponirten Betrags, mindestens 3 ℳ bis zu 50 ℳ erhoben.

Uebertragungen von Conto zu Conto geschehen durch Uebertragungszettel, welche von dem Conten-Inhaber oder seinem Bevollmächtigten persönlich dem dazu designirten Beamten des Giro-Comptoirs zu behändigen sind.

Zu Uebertragungszetteln hat man sich besonderer gedruckter Formulare zu bedienen, in welchen

a) das Folio des eigenen Contos,
b) der Name desjenigen, auf welchen übertragen werden soll, und
c) der zu übertragende Betrag

deutlich ausgefüllt sein müssen.

Der Name des Conten-Inhabers kann unter den Zettel gedruckt sein oder darunter geschrieben werden.

Die Einreichung der Uebertragungszettel geschieht zwischen 9 und 3 Uhr. Nach $1^1/_4$ Uhr nur gegen Zahlung von 20 ₰, von 3—4 Uhr gegen Erlegung von 1 ℳ und 4—6 Uhr gegen Erlegung von 10 ℳ für jeden Zettel resp. Posten.

Für die Cassa-Anweisungen hat man sich der von der Reichsbankhauptstelle abzufordernden Formulare zu bedienen; diese lauten auf Inhaber, tragen laufende Nummern, sowie die auszufüllenden Folien der Conten-Inhaber. 3. Anweisungen.

Die Formulare sind in gutem Gewahrsam zu halten und nach der Nummerfolge zu verwenden, untauglich gewordene Exemplare aber der Controle halber wieder einzuliefern.

Sämmtliche auf Grund dieser Formulare erhobenen Beträge werden den betreffenden Interessenten zur Last gestellt.

Die Anweisungen sind zunächst im Giro-Comptoir einzureichen, werden dort, wenn in Ordnung, von dem betreffenden Beamten visirt und demnächst an der Casse in den Stunden von 9—3 Uhr ausgezahlt.

Die Erhebung der Beträge auf Grund der Cassa-Anweisungen wird möglichst am Ausstellungstage derselben erwartet.

Die Conten-Inhaber können ihre Wechsel-Accepte bei der Reichsbankhauptstelle zahlbar machen; solche Accepte sind auf vorgeschriebenen Zetteln, welche, wie die Uebertragungszettel, persönlich von den Conten-Inhabern resp. ihren Bevollmächtigten eingereicht werden müssen, der Reichsbankhauptstelle zu advisiren. 4. Zahlbarmachung von Wechsel-Accepten.

Bezüglich Einlösung derartiger domicilirter Accepte wird ebenso wie bei den Cassa-Anweisungen (sub 3) verfahren werden, d. h. die resp. Wechsel sind zunächst im Giro-Comptoir einzureichen, werden, wenn in Ordnung, übertragen oder zur Auszahlung angewiesen.

Die Einlösung dieser Wechsel erfolgt nach der Reihenfolge der Präsentation, und werden diejenigen, zu deren Einlösung die Guthaben auf den betreffenden Conten nicht ausreichen, den Inhabern im Laufe des Nachmittags, die eingelösten aber mit „bezahlt" abgestempelt, den Acceptanten, für welche sie honorirt sind, zurückgegeben.

Die Auszahlung der domicilirten Accepte findet zwischen 9—3 Uhr statt.

Reichsbankhauptstelle.

Schayer. Görlitz.

Gelesen und genehmigt.

Unterschrift.

Gebühren-Tarif.

1. Für Aufnahme eines Consenses oder Einholung einer Unterschrift in der Stadt 1 ℳ
2. Für Einholung eines oder mehrerer Bankzettel in der Stadt 30 ₰.
3. Für jeden Posten, der am Tage des Abschreibens nachgefragt wird, 20 ₰.
4. Für jeden von $1^1/_4$ bis 3 Uhr Nachmittags zum Abschreiben eingereichten Posten 20 ₰.
5. Desgleichen für die Zeit von 3—4 Uhr 1 ℳ
6. „ „ „ „ „ 4—6 „ 10 „
7. Für das Abschreiben eines größeren Betrages, als auf dem betreffenden Conto bis 4 Uhr verfügbar, wird außer den sub 6 erwähnten 10 ℳ $^1/_2$ % des überschießenden Betrages, jedoch nicht unter 3 ℳ und nicht über 50 ℳ berechnet.
8. Für das Ausbringen der Aufgabezettel am Abend finden folgende Sätze Anwendung:

bei Folienzahl	von	1—3	ℳ	3	per	annum.
„	„	4—10	„	4,50	„	„
„	„	11—20	„	6	„	„
„	„	21—30	„	7,50	„	„
„	„	darüber	„	9	„	„

Hatte die Reichsbank aus Hamburg die bewährte Technik des Giro-Verkehrs übernommen und durch die Einführung und Ausdehnung desselben durch ganz Deutschland hindurch ihrem Betriebe zu einer ungeahnten Großartigkeit verholfen, so brachte sie hinwiederum dem alten Hamburger Giro-Verkehr eine Reihe von Erleichterungen, welche sich rückwirkend für das ganze Hamburgische Geschäft als äußerst vortheilhaft erwiesen. Sie zeigten sich, abgesehen von der moralischen Wirkung, welche das endliche Vorhandensein des lang ersehnten, starken Mittelpunktes ausübte, nach zwei Richtungen hin: Einerseits in der eben geschilderten Möglichkeit der Girozahlungen durch ganz Deutschland hindurch; dadurch wurde die bisher übliche Gebühr von $1/2$ ‰ für Auszahlungen an fremden Plätzen u. s. w. erspart, andrerseits in der jetzt eintretenden Möglichkeit, schärfer zu disponiren, einer Erleichterung, die in erster Linie für die großen Banken, dann aber auch für jede größere Firma von außerordentlicher Bedeutung war. In der alten Bank war es nöthig gewesen, zur Begründung eines Guthabens ursprünglich Silber, zuletzt Reichsmünzen herbeizuschaffen. Traten im Laufe des Tages unerwartete Anforderungen in größerem Maßstabe an die Banken heran, so mußten sie in Verlegenheit gerathen, auf welche Weise sie denselben entsprechen könnten, da es nicht möglich war, die zur Verstärkung des Guthabens in der Girobank erforderlichen Summen unmittelbar zu beschaffen; man hätte sie etwa durch Präsentation von Noten bei der Preußischen Bank von Berlin heranziehen müssen. Der Kaufmann war darum gezwungen, wenn er nicht das Risico einer Geldknappheit oder Stockung laufen wollte, ein größeres Guthaben auf Giroconto zu halten, als es den acuten Anforderungen entsprach. Jetzt, wo in der Reichsbank neben dem bisherigen Metallgeld oder Edelmetall nicht nur Banknoten, sondern auch jeder gute kurz- oder langsichtige Wechsel verwandt werden konnte, wo man durch Depositen von Staatspapieren 2c. durch den Nachweis der Goldheranziehung sein Guthaben verstärken konnte, war man in der Lage, den im Laufe des Tages hervortretenden Ansprüchen sofort zu genügen und dementsprechend die Menge des müßig liegenden Capitals einzuschränken. *Vortheile der Reichsbank.*

Die Vortheile, welche daraus entstanden, waren so bedeutend, daß sie nach vorliegenden Urtheilen der damaligen Bank-Directoren weit über jene Nachtheile sich erhoben, die daraus entstanden, daß bei den Banken ebenso durch die Möglichkeit für Jedermann, schärfer zu disponiren, die Höhe der zinsenfrei zur Verfügung stehenden Giro-Capitalien abnahmen und einzelne große Bankiers und Kaufleute neben *Verminderung der Girobestände in den Banken.*

dem Conto bei den Privatbanken im Interesse des allgemeinen deutschen Giroverkehrs ein solches bei der Reichsbank eröffneten. Die Tabelle zeigt die Abnahme der Guthaben in jener Zeit nach dem monatlichen Status der Actienbanken.[22])

Tabelle IX.

	Norddeutsche Bank		Vereinsbank		Commerz- und Disconto-Bank	
	1875	1876	1875	1876	1875	1876
Januar . .	12 420 000	11 090 000	17 000 000	15 330 000	3 715 000	3 020 000
Februar .	12 680 000	10 950 000	18 350 000	15 760 000	3 700 000	3 240 000
März . . .	15 980 000	11 160 000	18 430 000	16 800 000	2 970 000	3 220 000
April . . .	12 640 000	10 440 000	16 000 000	14 630 000	2 890 000	3 450 000
Mai . . .	12 960 000	12 820 000	19 000 000	17 660 000	3 800 000	3 670 000
Juni . . .	12 490 000	11 450 000	16 360 000	16 900 000	2 910 000	4 040 000
Juli . . .	10 580 000	10 080 000	15 830 000	15 740 000	3 670 000	3 110 000
August . .	11 160 000	10 330 000	13 850 000	13 815 000	3 050 000	3 690 000
Septemb.	11 060 000	8 910 000	14 640 000	14 640 000	3 300 000	2 960 000
October .	10 480 000	10 270 000	12 380 000	13 080 000	3 120 000	3 440 000

Von der Tüchtigkeit und Loyalität der Geschäftsführung der Hamburger Banken legt ein Umstand ein beredtes Zeugniß ab: Während in Berlin und Frankfurt manche Kunden die Privatbanken verließen, um sich der Reichsbank zuzuwenden, war in Hamburg kaum ein derartiger Fall zu constatiren. Das war natürlich; denn während die Privatbanken ihren Kunden alle Vortheile boten, welche die Reichsbank gewährte, boten sie z. B. beim Discontiren der Wechsel noch mehr, indem sie für bankfähige Wechsel niemals einen höheren, gewöhnlich aber, namentlich bei langsichtigen Papieren, einen bedeutend niedrigeren Discont berechneten, als der derzeitige Privatdiscont auf offenem Markte betrug.

[22]) Es wird hervorgehoben, daß die Abnahme der Giroconten nicht allein durch die Einführung der Reichsbank eingetreten sei, sondern auch theilweise dadurch, daß im Waarengeschäft in jener Zeit die Tratten auf auswärtige Kunden statt der früheren Usanz 2 Monat Ziel bis zu dem Tage im Portefeuille behalten wurden, an dem das Geld wieder zur Benutzung gelangte. Das Arbeiten gegen Rimesse hörte mehr und mehr auf, und man facturirte in der Regel gegen 3 Monate Tratte. Die Wechsel blieben daheim im Kasten, bis das Geld Verwendung fand oder sie nur noch 10 Tage zu laufen hatten; dann wurden sie allerdings abgegeben und fanden sich als Saldo in der Bank.

Die Banken haben gegen Ende der 70er Jahre noch einen weiteren Schritt gethan, indem sie dem Beispiele der Deutschen Bank folgend auch für jederzeit kündbare Girobestände einen 1—2 % betragenden Zins gewährten, eine Maßregel, welche der Höhe ihrer Einlagen zugutekam und sich dabei entgegen den Befürchtungen der Vereinsbank ihren Kosten nach als irrelevant erwiesen hat. Sie haben ferner mit der Reichsbank eine Einigung dahin erzielt, daß in derselben ihnen ein Zimmer zur Clearingverkehr überlassen ist. An diesem sind außer der Reichsbank nur die vier größten Actienbanken (Norddeutsche, Vereins-, Commerz- und Disconto- und Hamburger Filiale der Deutschen Bank) betheiligt und dennoch sind die im Clearinghouse umgesetzten Summen weit höher als in irgend einer anderen Stadt Deutschlands, einschließlich Berlins.[23]) Mag dies für Berlin darin begründet sein, daß hier der Clearingverkehr theilweise durch den Berliner Cassenverein vermittelt wird,[24]) so liegt es doch hauptsächlich an der gewaltigen Entwicklung, welche den Giro-Verkehr durch ganz Hamburg hindurch ausgebreitet hat, welche nicht nur jede größere Zahlung, sondern häufig selbst die Beträge der kleinsten Rechnungen durch Bankzahlung reguliren läßt und neben dem Großhändler und Capitalisten auch den kleinen Handwerker, den Detailhändler zur Führung eines Bankconto veranlaßt. Verzinsliche Giroconten.

Auch die Behörde hat gemäß § 22 des Reichsbankgesetzes ihre Conten aus der alten Bank in die Reichsbank hinübergenommen,[25]) und es steht in Hamburg frei, alle Zahlungen an die Behörden, ferner an die städtischen Gaswerke, Wasserbeiträge, Feuercassen-Prämien,

---

[23]) Die übrigen Banken und Privatbankiers können an dem Clearingverkehr nur theilnehmen, indem sie bei einem der gedachten Institute ein Conto halten: Grund für letztere, sich gegen die Erweiterung des Kreises der direct Clearenden zu widersetzen.

[24]) Der Cassenverein wurde u. A. gerade zu dem Zweck gegründet, die Berliner Bankiers von der Controle der Preußischen Bank (später Reichsbank) unabhängig zu machen.

[25]) lt. Bekanntmachung der Finanzdeputation v. 4. Jan. 1876 wurden sämmtliche bisherigen Bankconten der Finanzdeputation bei der Hamburger Bank jetzt bei der Reichsbank eröffnet, nämlich: Haupt-Staatskasse, Staats-Deposito-Casse, Immobilien-Abgaben-Conto, Steuerconto der Finanzdeputation, Declarations-Abgaben-Conto der Finanzdeputation, Dispache-Conto der Finanzdeputation, Schulden-Administration, Hamburger Feuercassen-Staats-Anleihe von 1842, Hamburger Staats-Prämien-Anleihe von 1846, G. v. d. Steenhoff Fideicommiß.

Schulgeld an Staatsschulen u. s. w. durch Abschreibung zu bezahlen und auf Wunsch Forderungen durch Bankzahlung ausbezahlt zu erhalten.

Rückblick. Die Hauptergebnisse des gewaltigen Hamburger Giro-Verkehrs seit Einführung der Reichsbank sind aus den anliegenden Tabellen ersichtlich. Sie zeigen, wie ungeheure Summen auf einfachste und müheloseste Weise unausgesetzt in Hamburg umgesetzt werden. Wahrlich, ein Bild großartigster Entwicklung, wenn wir auf jenen Zeitpunkt zurückblicken, mit dem im Jahre 1856 in der Begründung der Actienbanken eine neue Aera für Hamburgs Handel hereinbrach. Zur festen Stütze, zum Rückgrat des gesammten Verkehrs sind hier die Banken geworden. Um sie herum gliedert sich die ganze Mannigfaltigkeit wirthschaftlichen Schaffens und Webens. An Stelle der Banken der alten Zeit, Geldreservoiren oder Darleihern des Staats sind organische Wesen erstanden, welche der Landwirthschaft, der Industrie wie dem Handel wechselweise Lebenskraft zuführen. Welch' ein Unterschied zwischen der Hamburger Bank und ihrem Nachfolger! Es ist der Unterschied zwischen Mittelalter und Neuzeit. Dort starres Festhalten an der Form, engste Beschränkung des Arbeitsfeldes nach Ort und Character, eifersüchtige Wahrung der Gerechtsame; — hier Uebernahme des Guten, welches das Alte bot, und Erweiterung des Feldes der Thätigkeit nach allen Richtungen hin, ein Anschmiegen an den Pulsschlag der Zeit, der stockend belebt und fiebernd besänftigt wird, ein stetes Wirken, in der geeinten Nation die Einheitlichkeit des wirthschaftlichen Schaffens zu wahren. Das ist der Untergrund, auf dem sich jener Aufschwung des hamburgischen Handels vollzogen hat, den uns die letzten Jahre zeigen, und welcher weiterem Emporstreben dienen möge — Hamburg zum Segen, Deutschland zur Ehre. —

Tabelle X.

Norddeutsche Bank.

Jahr	Durchschnittlicher Bank- und Cassa-Saldo[1]	Durchschnittlicher Betrag der Giro-Conten[1]	Giro-Umsatz nebst Umsatz in laufender Rechnung u. mit diversen Hiesigen[2]	Hiervon durch die Reichsbankhauptstelle vermittelt	und durch Ausgleichung	Total-Umsatz im Jahre, Debet und Credit	Netto-Gewinn
1877	4 270 601	10 608 373	2 573 543 396	639 646 641	1 933 896 755	8 760 592 978	4 052 811
1878	3 771 191	10 556 724	2 554 636 006	646 858 528	1 907 777 478	8 464 422 918	4 177 657
1879	6 022 424	11 924 670	2 630 404 930	682 039 037	1 948 365 893	8 815 533 566	4 798 952
1880	4 301 248	11 943 032	2 999 558 259	852 217 725	2 147 340 534	10 640 769 756	4 785 959
1881	5 159 534	11 997 206	3 122 816 202	897 707 006	2 225 109 196	11 255 699 743	5 044 534
1882	3 755 732	10 948 368	2 771 058 001	733 365 551	2 037 692 450	9 160 102 715	4 022 490
1883	3 683 629	13 795 742	2 750 704 256	731 450 635	2 019 253 621	9 478 393 829	3 942 176
1884	3 359 773	14 305 307	2 897 506 859	712 586 960	2 184 919 899	9 759 051 587	3 779 586
1885	3 186 462	13 176 400	2 864 991 666	665 424 584	2 199 567 082	9 368 965 202	2 984 074
1886	3 863 161	16 061 605	3 190 778 397	710 386 789	2 480 391 608	10 193 172 587	3 267 904
1887	3 923 647	16 116 457	3 340 851 591	753 151 483	2 587 700 108	10 603 591 095	4 019 153
1888	4 672 971	18 528 736	3 759 754 978	795 331 605	2 964 423 373	11 832 509 835	4 770 189
1889	5 577 525	19 931 037	4 212 094 961	920 316 832	3 291 778 129	13 389 372 985	5 763 824
1890	3 021 840	17 035 105	4 214 893 918	997 874 144	3 217 019 774	13 817 369 451	5 037 317

[1]) Der Durchschnitt ist nach den veröffentlichten monatlichen Uebersichten ermittelt.

[2]) Der Giro-Umsatz ist nur von einer Seite genommen, d. h. nach Abzug des verbleibenden Saldos von der stärksten Seite, sei es Debet oder Credit.

Tabelle XI.

Vereinsbank.

Jahr	Durchschnittlicher Bank- und Cassa-Saldo [1])	Durchschnittsbetrag der Guthaben der hiesigen Creditores [1])	Vom Total-Umsatz durch die Reichsbankhauptstelle abgeschrieben	Vom Total-Umsatz durch Vergütung und Ausgleichung regulirt	Total-Umsatz im Jahre	Netto-Gewinn
1877	3 416 023	15 015 813	1 232 387 117	4 559 497 931	5 791 885 048	1 206 992
1878	3 794 235	14 877 367	1 166 753 095	4 050 082 625	5 216 835 720	1 350 418
1879	6 101 659	17 266 311	1 270 360 472	4 225 175 726	5 495 536 198	1 322 155
1880	4 553 995	17 118 453	1 394 189 145	4 217 243 677	5 611 432 822	939 578
1881	3 927 365	16 033 692	1 325 667 268	4 902 206 414	6 227 873 682	1 224 107
1882	2 310 792	13 104 390	1 287 043 357	4 537 088 198	5 824 131 555	1 167 568
1883	3 352 070	17 448 615	1 328 115 025	5 028 826 990	6 356 942 015	998 874
1884	2 646 872	19 049 869	1 365 123 314	5 808 580 457	7 173 703 771	1 083 900
1885	2 208 670	18 255 771	1 334 638 768	5 678 712 067	7 013 350 835	1 106 217
1886	4 754 946	24 577 607	2 935 206 028	4 719 446 970	7 654 652 998	1 081 799
1887	2 667 721	22 718 330	2 656 002 114	4 730 908 900	7 386 911 014	1 229 706
1888	3 576 709	24 555 019	3 043 118 505	4 921 672 832	7 964 791 337	1 529 331
1889	3 159 014	25 923 540	1 591 553 211	6 966 680 303	8 993 153 890	1 848 455
1890	2 765 088	23 039 438	1 649 892 693	7 055 676 535	8 705 569 229	2 110 418

[1]) Der Durchschnitt ist nach den veröffentlichten monatlichen Uebersichten ermittelt.

Tabelle XII.

Commerz- und Discontobank.[1])

Jahr	Durchschnitts-Guthaben in Bank und Cassa[2])	Durchschnittlicher Betrag der Giro-Conten und verzinslicher Depositen[3])	Giro-Umsatz in Debet und Credit	Hiervon durch die Reichsbank-hauptstelle vermittelt	und durch Ausgleichung	Gesammt-Umsatz	Netto-Gewinn
1877	2 400 299	6 785 152	2 343 436 646	525 101 182	1 818 335 464	3 985 286 909	1 061 033
1878	1 819 510	5 954 187	1 839 795 845	413 213 462	1 426 582 383	3 074 976 082	1 140 760
1879	1 988 110	6 512 239	1 970 520 476	433 887 778	1 536 632 698	3 620 315 597	1 314 449
1880	2 143 061	7 708 498	2 333 346 270	552 252 057	1 781 094 213	4 461 208 715	1 521 538
1881	1 851 596	6 972 355	2 552 119 226	456 774 959	2 095 344 267	4 850 551 790	2 491 252
1882	2 063 134	10 246 262	2 522 544 027	492 097 968	2 030 446 059	4 430 145 262	2 486 166
1883	1 925 953	9 222 185	2 425 738 048	526 279 943	1 899 458 105	4 946 751 859	2 133 905
1884	2 404 235	12 611 761	2 563 652 980	528 212 316	2 035 440 664	5 274 848 800	2 012 634
1885	2 495 083	10 358 549	2 758 903 591	565 436 801	2 193 466 790	5 601 347 952	1 940 738
1886	2 115 680	9 341 025	3 020 111 524	602 692 428	2 417 419 096	5 859 465 695	2 004 136
1887	2 748 956	15 030 984	3 145 208 497	602 654 150	2 542 554 347	6 552 351 584	1 882 787
1888	3 719 513	22 141 544	3 816 342 298	720 828 730	3 095 513 568	7 567 194 878	2 396 733
1889	2 356 372	13 537 204	3 897 308 871	777 108 173	3 120 199 698	7 191 777 158	2 443 541
1890	1 712 813	10 735 491	3 784 432 886	806 833 546	2 977 590 340	7 273 150 843	1 543 593

[1]) Die Bank begann ihre Thätigkeit am 15. April 1870.
[2]) und [3]) Der Durchschnitt ist nach den veröffentlichten monatlichen Uebersichten ermittelt.

Tabelle XIII. **Hamburger Filiale der Deutschen Bank.** [1])

Jahr	Durchschnitts-Guthaben in Cassa und bei der Reichsbank	Durchschnitts-Guthaben der Giro-Conten-Inhaber [2])	Umsatz auf Giro-Conto mit Hiesigen	Umsatz auf Conto Deutsche Bank Berlin	Umsatz auf Conto-Corrent-Conto	Gesammt-Umsatz von einer Seite des Hauptbuches
1880	593 000	3 894 000	312 295 000	243 853 000		1 132 250 000
1881	939 000	5 374 000	412 449 000	301 151 000		1 466 026 000
1882	783 000	5 537 000	456 165 000	78 436 000	224 958 000	1 536 207 000
1883	1 345 000	6 578 000	507 774 000	108 759 000	253 229 000	1 768 097 000
1884	1 079 000	7 122 000	607 509 000	113 868 000	320 718 000	2 148 142 000
1885	1 756 000	7 692 000	598 114 000	102 155 000	128 209 000	2 172 597 000
1886	1 274 000	9 194 000	618 519 000	371 074 000	293 098 000	2 101 865 000
1887	1 688 000	9 627 000	702 102 000	153 488 000	321 828 000	2 378 529 000
1888	1 854 000	11 236 000	863 685 000	205 051 000	406 464 000	2 953 593 000
1889	2 228 000	13 500 000	1 085 291 000	194 961 000	448 710 000	3 411 543 000
1890	2 081 000	12 240 000	1 133 085 000	193 218 000	440 254 000	3 499 672 000

[1]) Die hiesige Filiale ist eine Zweiganstalt der Deutschen Bank, Berlin; für die Verbindlichkeiten derselben haften das eingezahlte Capital von 75 Millionen Mark, sowie die Gewinn-Rückstellungen. Weitere Zweig-Anstalten der Bank bestehen in Bremen, Frankfurt a. M. und in London. Die Gewinn-Rückstellungen (Reserven) der Deutschen Bank betrugen:

1883	1884	1885	1886
14 381 884,50 ℳ	15 309 710,60 ℳ	15 750 618,92 ℳ	16 212 611,82 ℳ
1887	**1888**	**1889**	**1890**
16 659 769,85 ℳ	23 108 580,03 ℳ	23 852 467,29 ℳ	24 600 094,31 ℳ

[2]) Die Durchschnitts-Salden sind nach den monatlichen Uebersichten ermittelt.

Tabelle XIV.

Reichsbankhauptstelle Hamburg.

Jahr	Giro-Verkehr	Anweisungs-Verkehr	Geschäfts-Umsatz	Giro-Uebertragungs-Conto Zugang	Giro-Uebertragungs-Conto Abgang
1876	5 810 877 200	25 729 600	6 733 879 000	185 709 363,58	232 146 393,60
1877	6 509 410 600	7 201 400	7 325 738 500	382 407 489,48	475 427 121,36
1878	6 236 685 600	6 231 100	6 928 023 100	372 671 161,08	458 658 303,30
1879	6 734 122 000	6 036 800	7 447 356 500	464 474 634,87	488 862 133,05
1880	7 795 240 900	4 113 600	8 585 982 600	552 544 919,40	647 485 764,78
1881	7 575 781 900	5 115 400	8 498 177 500	645 843 063,25	670 820 729,29
1882	7 323 006 200	5 464 900	8 417 126 500	548 835 245,51	587 540 460,64
1883	7 053 102 000	3 899 500	8 012 820 800	606 830 795,27	674 087 520,36
1884	6 376 794 800	3 352 600	7 220 643 000	687 558 203,30	721 460 170,07
1885	6 244 788 100	3 128 600	7 033 246 100	707 517 864,25	678 126 978,14
1886	6 580 378 800	4 682 000	7 372 452 900	774 864 262,34	779 308 033,70
1887	6 890 270 300	3 288 600	7 903 036 100	806 839 134,11	784 566 900,85
1888	7 437 000 000	4 106 000	8 455 017 800	900 688 081,84	955 821 565,74
1889	9 635 993 700	4 903 600	10 845 292 700	956 043 242,23	1 029 359 512,51
1890	10 986 432 700	4 767 800	12 605 018 200	948 163 148,94	977 446 067,81

Anlagen und Belege.

Anlage I.

Mandat wegen der zu eröffnenden Species-Banco.
22. Februar 1619.

Nachdem E. E. Rath zu Beförderung der Commercien und Handlung nöthig und ratsam befindet, daß eine Banco in dieser guten Stadt angerichtet werden möge, und dann, auf beschehenes inständiges Anfordern der allhier residierenden Kauf- und Handelsleute, mit allsolcher Banco nunmehr zu verfahren für gut angesehen wird; also, und damit gedachter Banco männiglich um so viel mehr und sicherer zu getrauen haben möge, so thut E. E. Rath sich zuvorderst hiermit erklären, daß diese Stadt für bemeldte Banco und allen Schaden, so derselben zuwachsen möchte, wolle gehalten sein. Und sintemal mit allsolcher Banco der wirkliche Anfang über 8 Tage, am Montage nach Oculi, wird sein der Iste nächstkünftigen Monats März, gel. Gott, gemachet werden soll. Demnach will E. E. Rath allen dieser Stadt Bürgern, Einwohnern und Unterthanen und männiglich hiermit erinnert, ermahnet und denselben geboten haben, nach allsolcher Zeit alle Wechsel, es sei im Geben und Nehmen, oder so auch allhier zu bezahlen von anderen Orten remittieret werden, und nach obbemeldter Zeit verfallen, wenn die Summe allsolcher Wechsel 400 Mark Lüb. und darüber ist, in berührter Banco schreiben und bezahlen zu lassen, mit der Verwarnung, wo jemand dawider handeln würde, daß von allsolchen außerhalb der Banco bezahlten Wechselgeldern jedesmal 25 Mark an bemeldte Banco verfallen, und von den dazu verordneten Herren eingefordert werden sollen. Es soll auch allen dieser Stadt Bürgern, Einwohnern und männiglichen hiermit verboten sein, nach gedachtem Termin einig gebrochen Gold, Silber, Grenoullien oder dergleichen an sich zu kaufen, noch auch Gelder, so allhier nicht gangbar, oder wieder umgemünzet werden müssen, wie denn auch einige allhier gangbare güldene oder silberne Münze an sich zu wechseln und zu bringen, sondern solches alleine, nebenst dieser Stadt Münze, der Wechsel-Banco reservieret und vorbehalten sein, und allda der billige Wert dafür gegeben werden. Wer auch hierwider handeln und darüber betreten würde, der soll von jedem 100 Mark, so er dergestalt gekauft, gewechselt und an sich gebracht, 10 Mark

Strafe gedachten verordneten Herren zu zahlen schuldig sein; jedoch soll dem Amte der Goldschmiede allhier, was sie zu ihrer eigenen Arbeit von Gold und Silber bedürfen, wie denn auch dieser Stadt Bürgern, was sie selbst zu ihrer eigenen Notdurft vermachen lassen wollen, zu kaufen hiermit unbenommen, sondern denen solches, wie von Alters hergebracht, frei stehen. Und weil E. E. Rath die Assignationes vor diesem gänzlich verboten und abgeschafft, als thut derselbe die wegen Verbietung allsolcher Assignationen hiebevor publicierte unterschiedliche Mandata hiermit repetieren und erwiedern, und wo jemand sich dagegen außerhalb der Banco einiges Assignierens anmaaßen, oder dieselbe annehmen würde, wider denselben soll mit der berührten Mandatis einverleibten Strafe verfahren werden. Damit auch ein jeder, wie es sonst bei berührter Banco gehalten werden soll, wissen möge, als sind zu allsolcher Notdurft gewisse Artikel beliebet und abgeschaffet, so hiebenebenst ebenmäßig unter dieser Stadt Signet publicieret, auch männiglich sich darnach zu richten hiermit mandieret und auferleget wird, und hat nach obigen allen und jeden sich männiglich zu richten und für Schaden zu hüten. Urkundlich hat E. E. Rath dieser Stadt Signet hierunter zu drucken befohlen. Decretum in Senatu etc. publicatum am Tage Petri den 22. Febr. 1619.

Anlage II.

Das von Jhro Römischen Kaiserlichen Majestät allergnädigst confirmierte, und von Dero hohen Commission publicierte, neu revidierte Reglement der Hamburgischen Wechsel- und Lehn-Banco, ... vom 1. September 1710.

Art. 1.

Die verordneten Herren und Bürger wollen täglich, wann es nötig sein wird, die Buchhalter sowohl der Wechsel- als Lehn-Banco, Cassierer und Wardein aber sollen alle Tage, außerhalb die Sonn- und Feiertägen, ein jeder an seinem Ort, zu rechter Zeit sitzen, und sich finden lassen; auch sollen die Cassierer von neun bis zwölf Uhr Geld zu zahlen schuldig sein.

Art. 2.

Das Geld, so in die Banco gebracht, soll in der andern Kammer einem Cassierer zugezählet werden, und derselbe soll darauf einen Beweis, darin die Summe zweimal, erst mit vollen Buchstaben, hernach mit Ziffern specificiert, den Buchhaltern desselbigen Tages zu überliefern schuldig sein.

Art. 3.

Alle Assignationen von den Geldern, welche in der Banco sein, sollen schriftlich in einem dem Buchhalter, so vorn an sitzet, dazu übergebenen Zettel geschehen, und der assignieren will, deswegen selbst persönlich erscheinen, oder, so er solches nicht thun wollte oder könnte, soll er von denen verordneten Buchhaltern eine Procuratie oder Vollmacht machen lassen, welche Procurationen zu dero Behuf allezeit also, daß nicht mehr als die Namen darin geschrieben werden, bei der Hand sein, auch nicht länger als in dem Jahr, darin sie gemacht, gelten sollen. Wie dann auch solche Vollmachten, sowohl mit der Banco gewöhnlichem Insiegel, als auch der Prinzipalen und Gevollmächtigten Hand gezeichnet werden soll.

Art. 4.

Die Assignationen sollen zuerst mit Buchstaben, hernach mit Ziffern geschrieben werden, auch ein jeder dabei setzen, auf was Folio sein Name im Schuld-Buche geschrieben steht, welches bei denen Buchhaltern zu jeder Zeit erfahren werden kann. Wer nun die Zetteln dem conform nicht einrichtet, die Ziffern und Folio nicht recht setzet, soll ein Procent zu geben schuldig sein.

Art. 5.

Wenn einer verstirbet, soll, der bisher üblichen Observanz nach, bis dahin, das die Wittib und Erben mit Vormündern versehen, die Abschreibung quiescieren, nach deren Bestellung aber dieselbe dazu a Senatu, auf eingebende von allen gebührend unterschriebene Supplication, per Decretum befugt werden. Wann aber der Mann per Testamentum seine Frau zur Vormünderin der Kinder bestellet, und ihr die Administration des Nachlasses übergeben, oder eine Wittib eigene Banco-Rechnung nimmt, kann dieselbe durch ihren kriegischen Vormund, oder von ihnen beiden Gevollmächtigten abschreiben.

Art. 6.

Da zween oder mehr in Compagnie sein, und Rechnung auf ihre Namen in Banco gehalten wird, was einer von denenselben abschreibet, soll also gehalten und genommen werden, als wenn der Zettel von ihnen allen unterschrieben wäre.

Art. 7.

Des Morgens von 7 bis halb 9 Uhr soll allezeit der Contrebuchhalter in dem ersten Gemach mit dem Rescontrabuch vorhanden sein, und einem jeden, so ihn um dasjenige, so denselben angehet, fraget, guten Bescheid geben, und wenn einer zu accordieren begehret, solches zu thun schuldig sein.

Art. 8.

Würde aber jemand nach eines andern Summen oder Partide fragen, so soll der Buchhalter ihm keineswegs etwas davon melden, inmaßen den bemeldeten Buchhaltern, und allen anderen, so der Banco dienen, bei ihren geleisteten Eiden und höchster Strafe verboten, niemanden, was in der Banco passieret und geschrieben wird, zu offenbaren. Es soll auch derselbe inskünftige niemanden zusagen, daß die gefragte Summe abgehe, es sei dann, daß dieselbe eine Nacht über auf des Abschreibenden Conto gestanden.

Art. 9.

Der Contrebuchhalter, so vorn an sitzet, soll die schriftliche Assignationen ordentlich, wie sie nach einander kommen, ohne Ansehung einiger Personen, zu sich nehmen, solche übersehen, und Achtung geben, ob die geschriebenen Summen an Buchstaben und Ziffern übereinkommen, auch ob der Assignator so viel in Avanz habe, und hernacher solche Assignationen dem andern Buchhalter einzuschreiben zustellen.

Art. 10.

Es soll auch der Contrabuchhalter, wenn er vermerket, daß jemand mehr in Banco schreiben lassen will, als er darin in Credito hat, dazu nicht stillschweigen, sondern dasselbe, bei seinem geleisteten Eide, alsobald denen verordneten Herren und Bürgern anzeigen.

Art. 11.

Wo jemand mehr assignieren würde, als er in Banco in Credito hat, derselbe soll von jedem 100 ℔, so er mehr assignieret, 3 ℔ Strafe an gedachte Banco zu entrichten schuldig sein.

Art. 12.

Wegen der Assignationen, so des Nachmittags geschehen, bleibet es bei dem bis dato üblichen Herkommen, und soll der Buchhalter alle Errores, so committieret, alle Morgen denen Herren und Bürgern zu übergeben schuldig sein, und dafern sie dawider handeln, und solches darnach erfahren wird, sollen sie für einen Error 1 Rthler. Strafe bezahlen.

Art. 13.

Niemand soll Macht haben, einig Geld zu assignieren, oder jemand zuschreiben zu lassen, das nicht zum wenigsten ihm eine Nacht zugeschrieben gestanden.

Art. 14.

So sollen auch die Buchhalter sich befleißigen, daß im Contra-Buch und Schuld-Buch alle Rechnungen einerlei Folio haben.

Art. 15.

Die Buchhalter sollen, so oft es die Herren und Bürger gut finden, umgesetzet werden.

Art. 16.

Die Cassierer, so in der andern Kammer sitzen, sollen keine Macht haben, einige Gelder in oder außerhalb der Banco zu sich zu wechseln, schwere Thaler zu verändern oder zu vertauschen, und also von denen Geldern keinen Nutzen haben. Wer dawider handeln wird, soll nach Befinden gestraft werden.

Art. 17.

Die Casse soll täglich geschlossen werden, und die Cassierer bei Strafe 10 Mark Lübisch, wer dawider handeln wird, in ihrer kleinen Casse nicht mehr als 5000 Rthlr. behalten, was aber darüber, den Banco-Bürgern einliefern; maassen dann die Banco-Bürger, damit selbige über sothane Summe der 5000 Rthlr. ein mehreres nicht darin lassen, fleißig Acht zu haben, und, so oft es ihnen gefällig, die Casse nachzusehen, und die darin befindlichen Gelder überzuzählen, berechtiget sein sollen.

Art. 18.

Wo jemand Geld bringet, und zugleich ein anderer vorhanden, so Geld empfangen soll, mag, um schleuniger Beförderung willen, es dem Empfänger zugezählet werden, und sollen die Cassierer solche Summen in ihre Bücher einschreiben, nicht anders, als wenn sie solch Geld selbst hätten empfangen und ausgezahlet.

Art. 19.

Die Banco soll einem jedem sein Avantage, oder was er in Credito darin hat, ohne Entschuldigung an gangbarem Gelde zählen; wer aber sonderliche Species haben will, derselbe muß sich deswegen mit den Bancobürgern, der Banco zum Besten, vergleichen.

Art. 20.

Wer Geld aus der Banco haben will, der soll ein gedrucktes Cassa-Zettel, so allezeit bei den Buchhaltern vorhanden sein soll, mit eigener Hand füllen und vollziehen lassen, und seinen Namen darunter setzen, und soll gedachter Cassa-Zettel hernacher dem Buchhalter gebracht, und wenn derselbe findet, daß allsolche Person soviel in Avanz hat, als das Cassazettel lautet, soll er ihn, den Assignatoren, um soviel Debito machen, und darauf das Zettel unterschreiben, und soll bemeldte Person, von dem Cassierer dazu verwiesen, unverzögerlich bezahlet werden.

Art. 21.

Wer per Cassa abschreibet, soll sothane Gelder denselben Tag von dem Cassierer empfangen; da er es aber nicht thun würde, soll er den ersten Tag ein halb Procent, den andern Tag ein ganz Procent, und alle Tage hernach doppelte Strafe davon zu geben schuldig sein.

Art. 22.

Wer in Banco etwas bezahlen will, soll vor 11 Uhr die Gelder einzubringen schuldig sein.

Art. 23.

Wann die Herren und Bürger zu Hause gehen, sollen die Cassen, da die Herren und Bürger die Schlüssel zu haben, mit Zuschließen wohl verwahret werden. Die Cassierer mögen des Morgens, wenn die Buchhalter in der Banco sein, anfangen sich Gelder zuzählen zu lassen.

Art. 24.

Die Gelder und Avantage, so jemand in der Banco hat, mögen und sollen keinerlei Weise arrestieret werden; wo aber einer öffentlich fallieren thäte, so soll dessen Avantage denen sämmtlichen Creditoren, vermöge Stadt-Buchs, zum Besten sein.

Art. 25.

Niemand soll Macht haben, einigen Menschen, er sei auch wer er wolle, auch sich selber nicht, mehr zu creditieren, und aus der Lehn-Banco zu wechseln und zu bezahlen, als er in Avanz hat.

Art. 26.

Weil auch vor diesem in der Kaufmanns- und Wechsel-Banco verordnet, daß nicht unter 400 ℳBco an jemand gegeben oder geschrieben werden sollen, soll solches geändert, und auf 100 ℳBco reducieret, auch kein Pfenning, außerhalb 6 Pfenning, an jemand zu oder abgeschrieben werden.

Art. 27.

Die Bank soll alle Jahre auf ultimo Decembris etliche Tage, damit alles in Richtigkeit gebracht, geschlossen werden.

Art. 28.

Aufs neue Jahr, wann die Banco wieder aufgehet, sollen die Creditoren in der Banco, da die Herren und Bürger sein, erscheinen, und ihr Avanze mit ihnen accordieren, ehe sie auf ihre Rechnung etwas wieder abschreiben lassen.

Art. 29.

Denen Bedienten der Banco werden hiermit alle Handlungen, Faktoreien, und Rechnung in Banco zu haben, verboten.

Art. 30.

Denen Banco-Bedienten werden bei Schließung der Banco 30 Mark Lübisch zur Collation gelassen, und übrigens alle Spendagen, an Wein und sonsten, sollen hiemit abgeschaffet sein.

Art. 31.

Es soll auch kein hiesiger Bürger oder Einwohner auf seinen Namen für Fremde, zum Nachtheil unseres Commercio hereinschleichende, und hiesige Börse stetig frequentierende, der Stadt aber auf keine Art verwandte Liegere, Comissionairs oder Negotianten, Rechnungen in Banco halten, und nach deren Ordre Geld oder Wechsel für deren Rechnungen ab- und zuschreiben, dafern jemand an dergleichen, wider seinen Bürger-Eid und Pflicht laufenden, und hiesigem Commercio höchstschädlichen, Collusionen Teil gehabt zu haben überführet werden möge, soll derselbe nicht nur ipso facto in eine ohne gerichtlichen Prozeß beizutreibende Strafe, das erste mal à 200 Rthler, und das zweite mal à 400 Rthler, verfallen, sondern auch dadurch einen eigenen Conto in Banco zu haben verlustig sein und für infam geachtet werden; und wird denen Banco-Buchhaltern hiermit ernstlich, und bei ihren Pflichten, anbefohlen, darauf fleißige Acht zu haben, und die Contravenierenden sofort anzuzeigen: welchenfalls ihnen sowohl, als sonst andern, die dergleichen mit Fundament angeben werden, ein Dritteil der Strafe, als ein Prämium zugekehret werden solle.

Art. 32.

Desgleichen sollen die Mäkler, sowohl Christen als Juden, wider den ausdrücklichen Inhalt der Mäklerordnung, weder selbst auf ihre eigene Namen, noch mit anderen hiesigen Bürgern und Einwohnern auf derselben Namen, heimliche Rechnungen in Banco haben, desgleichen auch keine Gelder unter dem Vorwand einer von hiesigen Bürgern oder Einwohnern habenden Vollmacht, in Banco disponieren, noch ab- oder zuschreiben. Wer dawider handelt, und dessen überführet wird, soll, nebst Verlust seiner Mäkeleiprivilegien, mit einer executive einzutreibenden Geldbuße das erste mal à 200 Rthler, und das zweite mal à 400 Rthler, beleget, auch derjenige Bürger oder Einwohner, welcher mit selbigem verbotenerweise colludieret, nach Verordnung des vorhergehenden Artikels gestrafet, nicht weniger, zu besserer Entdeckung der Unterschleife, der Angeber, er sei Banco-Buchhalter oder ein anderer, mit dem Dritteil der Strafe auch in diesem Falle belohnet werden.

Art. 33.

Sollen die fünf Banco-Bürger ein jedweder fünf Jahre bei der Banco bleiben, damit jedweder ein Jahr präsidieren möge.

Art. 34.

Sollen hinfüro nichts mehr, als 300 ℳBco, jährlich in Rechnung passieret werden, und wer mehr verzehret und anschreibet, derselbe solches wieder erstatten.

Art. 35.

Es soll inskünftige nur eine Armenbüchse in der Banco sein, darinnen die Armengelder gesammlet werden, und solche Gelder an das Waisenhaus, Gasthaus, Zuchthaus, Posthof, Spinnhaus und Schiffer-Armen-Haus in sechs egale Theile ausgetheilet werden.

Art. 36.

Die Strafgelder. sollen in eine separate Büchse gethan, und solche, nach Abzug dessen, was den Bedienten davon zukommt, zum Nutzen der Banco angewandt werden.

Art. 37.

Die Banco-Bürger, so lange sie bei der Banco sein, sollen Wacht-frei sein.

Art. 38.

Hinfüro soll kein Avisengeld für Avisen in Rechnung passieren, denen Avisen-Druckern aber anbefohlen werden, alle Avisen fünffach der Banco gratis zu geben.

Art. 39.

Hochzeit-Gaben, Gevattern- und Umhangs-Geld, wie auch Dedicationen, Bücher, Präsenten und dergleichen, werden alle abgeschaffet.

Art. 40.

Die bisher üblich gewesene und in Rechnung gebrachte sogenannte silberne Bücher, oder die dafür in Rechnung gebrachte Portugaleser, werden auch abgeschaffet.

Art. 41.

So werden auch die Wachslichter, so die Banco-Bürger bisher gekriegt, abgeschaffet.

Art. 42.

Zum neuen Jahre werden den Banco-Bedienten, so vor Anno 1699 Dienste gehabt, als Hans Hinrich Hinsch, Buchhaltern der Kaufmanns-Banco, Heinrich Ludolph und Moritz Cuno, Cassierern, jedweden 8 Rthler, Heinrich Thiel, Banco-Knecht und Wägern, Hans Steffens, Feuerbötern und Claus Timman, Fegern, jedwedem 6 Rthler jährlich gegeben; denen andern aber, so nach der Zeit in Diensten kommen, wird nichts gezahlet. Wann auch jetztbenannte Bediente werden verstorben sein, sollen allsolche Neujahrsgeschenke, nicht weniger auch die 60 ℳBco zum Ochsen, gänzlich abgeschaffet, und deren im Anschlag nicht gedacht werden, und dieselben sich künftig an ihrer Besoldung genügen lassen.

Art. 43.

Zum neuen Jahre werden dem Kämmereischreiber 10 Rthler, dem Lehn-Banco-Cassierer und Buchhalter, wegen Abgang seiner Casse 22 Rthler, und an denselben, für das Journal zu schreiben 20 Rthler, dem Wardein 10 Rthler, des Protonotarii Schreiber 2 Rthler jährlich gegeben; welches dann sowohl die jetzt lebenden, als deren Successores in officiis, haben und genießen sollen.

Art. 44.

Denen beiden Cassierern werden jährlich einem jedweden für Abgang seiner Casse 200 ℳBco gut gethan, wie auch denen jetzigen Cassierern 60 ℳBco für den Ochsen, weilen solche mit in ihrem Anschlage, doch daß die 60 ℳBco für den Ochsen künftig aus dem Anschlag gelassen, und ihnen also nicht gegeben werden sollen.

Art. 45.

Werden denen vier Herren Bürgermeistern jedwedem zwei Portugaleser, denen beiden Banco-Herren jedwedem zwei Portugaleser, denen beiden Kämmerei-Bürgern jedwedem ein Portugaleser, und denen fünf Banco-Bürgern jedem ein Portugaleser, jährlich aufs neue Jahr von der Banco abgestattet und erleget.

Art. 46.

Alle Buchhalter, sowohl bei der Lehn- als Wechsel-Banco, wie auch die beiden Cassierer, bekommen ein jeder quartaliter 250 ℳBco; derjenige aber, welcher von den Buchhaltern das Rescontre-Buch hält, bekommt quartaliter 50 ℳBco mehr, und also 300 ℳBco, der Wardein bekommt quartaliter 75 ℳBco, der Banco-Knecht und Wäger 100 ℳBco, der Rathhaus-Schließer 5 ℳBco, der Feuerböter 30 ℳBco, der Rathhaus-Feger 15 ℳBco.

Art. 47.

Es soll inskünftige an niemand, er sei oder habe Namen wie er immer wolle, auch in was Occasion es sein möge, einiges Geld vorgestrecket oder abgeschrieben werden, wie wenig oder viel die Summe auch sei, es sei dann, daß dafür genugsam und versichertes Pfand, der Fundation gemäß, eingebracht und soll solches dem Banco-Bürger-Eid künftig mit einverleibet werden. Wer dawider thun wird, soll solches zu seiner Verantwortung haben und nach Befinden dafür responsabel sein.

Art. 48.

Der Kornhandel und Mehlkauf für die Armuth dieser Stadt soll, nachdem die vor einigen Jahren dazu geordnete Korn-Deputation, aus triftigen Bewegnissen, wieder aufgehoben, hinkünftig bei der Banco, der Fundation nach, wieder sein und beständig verbleiben. Damit aber solches, zum Vortheil der Stadt und der Banco, desto besser administrieret werde, sollen die Deputirten zur Banco dem desfalls errichteten und dieser Ordnung angehängten besonderen Reglement in allen Stücken gemäß sich zu bezeigen, und eine, ihrem Eid zu inserirende Special-Verpflichtung darüber zu leisten, schuldig sein.

Art. 49.

Das Münz-Wesen soll auch bei der Banco verbleiben; jedoch, da man resolvieren möchte, gewisse Summen zu münzen, daß solches, da es nöthig, mit Zuziehung einiger, so gute Wissenschaft davon haben, ins Werk gestellet werde. Auch sollen die Banco-Bürger freie Hände haben, wann das Silber und Gold in dem Preis, oder auch besser Kauf, daß Species-Reichsthaler und Dukaten ohne Schaden, oder noch Profit, daraus können geschlagen werden, solches bei der Banco einzukaufen, und zwar in solcher Quantität, wie dieselben es für gut befinden; es soll aber denen Cassierern und dem Münz-Meister davon nicht mehr anvertraut werden, als sie Bürgen gestellet haben.

Art. 50.

Damit auch desto mehr gute Pfänder bei der Lehen-Banco mögen gebracht werden, davon in Art. 47 erwähnet, so werden die Banco-Bürger befugt, auf solche Pfänder Gelder bis auf 2 Procent Interesse abzuschreiben. Sollte sich auch inskünftige einiger Schaden (so Gott verhüten wolle) hervorthun, sollen die Banco-Bürger gehalten sein, solches E. E. Rath sofort anzuzeigen, und wofern keine Redresse darinnen gemachet würde, es E. E. Kaufmann offenbaren, und solches in ihr Protocollum verzeichnen.

Art. 51.

Es soll inskünftige die Banco von zween Herren des Raths, zween Oberalten, zween Kämmereibürgern administrieret werden, wovon jährlich ein Herr des Raths, ein Oberalter und ein Kämmerei-Bürger abtritt, und sollen an des abzutretenden Banco-Bürgers Stelle allemal auf Michaelis von dem

Commercio vier Personen der Bürgerschaft präsentieret werden, woraus die Bürgerschaft zwei zu erwählen hat, welche E. E. Rath auf Art und Weise, wie es mit der Kämmerei-Bürger-Wahl gehalten wird, präsentieret, und einer aus der Pose zum Banco-Bürger erwählet wird; die Verwaltung aber soll nicht eher angetreten werden, bis die Rechnung abgeleget und die Banco aufs neue Jahr wieder eröffnet wird.

Art. 52.

Zu Ablegung der Rechnung soll jährlich eine Deputation (welche aus zween Herren des Raths, zween Oberalten, zween Verordneten der Kämmerei bestehen, und von jedem Collegio selbst gewählet werden, jedoch daß die aus dem Commercio also Erwählte vorgängig den Eid der Verschwiegenheit leisten sollen) gemachet werden, die alles gebührlich und exacte nachsehe, und alsdann nach Befinden in optima Juris forma den abgetretenen Banco-Bürger und seine Erben quittiere, um niemalen, seiner Verwaltung halber, einigen Anspruch zu haben und worüber selbige Deputation quittieren wird, dasselbe soll so kräftig gehalten werden, als wann es von E. E. Rath und der Erbges. Bürgerschaft geschehen wäre.

Art. 53.

Denen deputirten Banco-Bürgern sollen von denen verschlossenen Kasten und Gewölben jedwedem ein Schlüssel von differenten Schlössern gegeben werden, damit der eine ohne den andern nicht dazu kommen könne.

Art. 54.

Derjenige, so bei der Banco die Portugaleser macht, soll künftig in Eid genommen, auch eine aparte Rechnung in der Banco Büchern von den Portugalesern gehalten werden.

Art. 55.

Wann Pfänder der Lehn-Banco anpräsentiert, und hernacher angenommen werden, sollen dieselben vorhero taxieret, davon alles protocollieret, und specifice zu Buch verzeichnet werden.

Art. 56.

Wann einer zu rechter Zeit sein Interesse von dem Pfand entrichtet, so mag er solches Pfand in Banco, so lange es ihme beliebet, und es der Banco anständig, stehen lassen.

Art. 57.

Wo auch das Pfand über drei Tage nach bestimmter Zeit bestehen bleibt, so muß dafür den ganzen folgenden Monat die Interesse bezahlet werden.

Art. 58.

Für die Pfänder, so in Banco denen Herren und Bürgern gebracht werden, ist diese Stadt gehalten, und werden allsolche Pfänder demjenigen, so den Lehnzettel bringet, und dabenebenst das Capital und Interesse berichtet, wo bei der Person kein offenbarer Dolus vermerket würde, wiederum zugestellet.

Art. 59.

Alle Pfänder, davon in einem Jahre und 6 Wochen keine Interesse entrichtet, noch deswegen mit den Herren und Verordneten der Banco aufs Neue accordieret, sollen, ohne einige gerichtliche Aufbietung, oder vorhergehende Citation des Debitoris, jedoch daß solche vorher taxieret oder wardieret werden, um rechtmäßigen Preis in einem dazu bei der Banco angestellten öffentlichen Ausruf, entweder um baar Geld andern verkaufet, oder auch, in Mangelung einiger Käufer, durch die Banco selbst gekaufet und angenommen werden, und was, nach Ablegung des Capitals, Interesse und Unkosten, davon restieret, bleibet den Eigenthümern zum Besten.

Art. 60.

Würde auch allsolcher Ueberschuß in drei Jahren hernacher nicht abgefordert, entweder aus Versäumniß, oder einiger anderen Hinderung, wie die auch Namen haben möchte, so soll der Ueberschuß an die Armen verfallen sein, und solchen zum Besten angewendet und gebrauchet werden.

In Fidem:

Chr. Wilh. Wider.

Anlage III.

Geschichte der Hamburgischen Bank in den Jahren 1744 bis 1794.

Als im Jahre 1619 unsere Bank zuerst errichtet wurde, ward sie auf Reichsconstitutionsmäßige Thaler, von 2 Loth Gewicht und 14 Loth 4 Grän Gehalt fundirt, von welchen 8 St ℔ eine Köllnische Mark, oder 16 Loth wägen, in 9 Stück aber eine Mark fein Silber enthalten sein sollten. Folglich die Mark fein zu 27 ℔Bco ausgeprägt war.

Weil man aber beim Münzwesen das Gewicht eines einzelnen Stücks nicht nach Lothen und Gränen sondern nach Richtpfennigstheile rechnet deren 65 536 eine Köllnische Mark ausmachen, so wurden für das Gewicht eines Bancothalers 8192 derselben festgesetzt welche gerade 2 Loth betragen.

In der Folge der Zeit wich die Administration der Bank von dieser Regel nach und nach ab. Es sei nun, daß man das Probiren der Münzen damals noch nicht genugsam verstand, und die Münzmeister sich solches zu Nutze machten, oder ob man Bedenken trug sie als Kaiserliche und Reichsspecies auszuschießen, genug es kamen Thaler zum Vorschein, die nur 8134 Rpfenningstheile und 14 Loth 2 Grän hielten, und diese wurden von der Bank angenommen.

Als nun einige Zeit nachher der Kaiser und mehrere Stande des deutschen Reichs den Münzfuß abermals veränderten und Thaler zu 8076 Rpftheile und 14 Loth ausprägten, so nahm man auch diese bei der Bank.

Ja zuletzt erschienen Thaler in Menge die nur 7960 Rpftheile und knapp 14 Loth hielten, und auch diese trug man kein Bedenken anzunehmen. Man beging sogar die Unvorsichtigkeit und ließ zu diesen Thalern ein besonderes Gewicht prägen, worauf man mit großen Buchstaben Banco Thaler Gewicht 1744 setzte.

So war denn also bis zum Jahre 1744 der innere Werth unsers Bankgeldes 4 bis 5 pr Ct schlechter geworden, als es nach der Fundation der Bank sein sollte; und da dieses die letzte Epoche ist wo man den Bankthaler im Gehalt und Gewicht verringert hat, so will ich von diesem Jahre an die Veränderungen bemerken, die in den folgenden 50 Jahren bei der Bank vorgefallen sind.

Anfänglich bekümmerte man sich nicht sonderlich um alle die Veränderungen die mit den Speciesthalern vorgegangen waren. Man hatte sein von der Bank erhaltenes Gewicht und wenn sie dieses hielten so war ein Speciesthaler ein Speciesthaler. Konnte man ihn zum Schoß od. zum Zollen ausgeben, so war man zufrieden, das andere überließ man der Bank.

Nur das einzige war mir immer unbegreiflich; daß niemand die Freiheit hatte seinen Saldo aus der Bank herauszuholen, da doch der 19te Artikel der Bankordnung einem jeden diese Freiheit mit dürren Worten verstattet, sondern es wurden höchstens nur ein Paar Hundert Stück gegeben, wobei noch obendrein ein jeder auf seinen Bürger-Eid erklären mußte, daß er sie zum Schoß oder zum Zoll gebrauchen wolle.

Die Administration der Bank hatte freilich hierzu gegründete Ursache, indem sie brav belehnt hatte, allein dieses wurde alles mit dem undurchdringlichen Schleier eines Geheimnisses zugedeckt.

Wie nun der Kaiserliche Hof im Jahre 1750 ganz vom Speciesfuß abging und den sogenannten Conventionsfuß einführte, dem Baiern und Salzburg im Jahre 1753 beitraten, nach welchem 20 Gulden eine Mark enthalten und $9^1/_3$ Stück zu $13^1/_3$ Loth fein ausgeprägt werden sollten, so weigerte man sich solche bei der Bank anzunehmen, sondern blieb bei dem Gehalte und Gewichte von 1744.

Inmittelst fühlte das Publikum von Zeit zu Zeit wohl, daß bei der Bank Unordnungen vorgegangen sein müßten, da das Bankgeld oftmals Agio gegen Species gab, allein man suchte das Uebel nicht da wo es steckte, nämlich in den zu starken Belehnungen.

Im Gegentheil griff man zu ganz verkehrten Maßregeln. Man wollte die Masse der Species vermehren, und fing 1730, 1735, ja zuletzt sogar noch in 1763 an zu münzen.

Wunderlicher hätte man doch wohl nie zu Werke gehen können.

Wir als ein kleiner Reichsstand mußten Reichsconstitutionsmäßig münzen, nämlich 8192 Richtpfenningstheile und 14 Loth 4 Grän, und in der Bank nahm man Species von 7960, und 14 Loth. Wäre man damit fortgefahren und hätte diese Thaler ausgegeben, so würde das ein herrlicher Schmaus für die Juden gewesen sein. Zehn Pressen hätten nicht soviel prägen können, als sie würden weggeholt haben. Glücklicherweise packte man sie in Beutel und legte sie ins Gewölbe. Da lagen sie bis die Beutel vermodert waren und wir sie zusammenschaufeln mußten, wo sie uns denn bei der Einführung des Silber-Systems vortrefflich zu Statten kamen. Auf der andern Seite mußte man das Silber zu diesen Ausmünzungen mittelst der Lehnbank einkaufen. Dadurch wurde also die Belehnung noch um so viel vergrößert, als die Summe der Ausmünzung betrug. Und das war gerade die Quelle woraus das Uebel entstanden war. Mit einem Worte, man goß Oel ins Feuer, anstatt es auszulöschen.

Nach dem unglücklichen Jahre 1763 gab es mancherlei Projecte zur Verbesserung des Bankwesens. Unter diesen machte dasjenige das meiste Aufsehen was Franz Nicolaus Lüttyens entworfen hatte; zumal da auch der Schulhalter Kruse, als ein bekannter großer Rechenmeister, und mehrere andere die ich jetzt nicht nennen will, weil sie zum Theil noch leben, dasselbe unterstützten.

Lüttyens war ein Mann dem es nicht an Einsichten fehlte, der aber in seinen Aufsätzen unerträglich verwirrt und weitläuftig war, dabei viel Stolz besaß und einen gewissen Ruf für sich hatte, der ihm bei vielen Leuten Vertrauen erwarb. Sein eigentlicher Plan wodurch das Publikum eine Zeit lang irre geführt wurde, war im Wesentlichen folgender:

„Die Bank sollte neben dem Silber oder vielmehr neben den Speciesthalern, auch Goldmünzen zu einem bestimmten Preise annehmen." Das wäre nun gerade das Mittel gewesen die Sache noch mehr zu verwirren.

Denn nach welchem Maßstabe sollte denn das jedesmalige Verhältniß dieser beiden Metalle gegen einander regulirt werden. Das gewöhnliche Holländische Pari war 1 zu 14¼, und im letzten Amerikanischen Kriege stand es eine Zeit lang auf 1 zu 13½. Natürlicherweise wäre also das eine oder das andere aus der Bank weggeholt worden, je nachdem es Rechnung gehalten; wir hätten nie einen bestimmten Fuß gehabt, und die Bank würde am Ende nicht im Stande gewesen sein, der Verwirrung abzuhelfen oder wieder in Ordnung zu kommen.

Bei so bewandten Umständen wurde dann das Uebel von Zeit zu Zeit immer größer. Die Casse blieb geschlossen und die Belehnungen nahmen zu. Endlich wurde es so arg, daß der Unterschied zwischen Banco und Species auf 10 bis 12% und darüber hinanstieg.

Dies verursachte eine erstaunliche Veränderung in allen Coursen und ein allgemeines Murren an der Börse.

Jetzt ging man zur Quelle. Man kündigte die Pfänder auf, öffnete die Casse, und so kam es von selbst wiederum in Ordnung und im Gleichgewicht.

Um diese Zeit ungefähr kam der verstorbene Graf Schimmelmann auf den Gedanken, für den Dänischen Hof Speciesthaler zu münzen.

Der Vorwand war, daß sie zu gleicher Zeit zur Bezahlung in Banco für 3 ℳ und zur Bezahlung in Courant für 3 ℳ 10 ß gelten könnten.

Die wahre Ursache lag nun freilich tiefer, allein da sie nicht hieher gehört, so will ich nur so viel davon anführen, daß er sie gut zu nutzen verstand.

Ehe er damit anfing, sprach er mit verschiedenen Leuten, denen er einige Kenntniß im Münzwesen zutrauete über diese Sache und unter anderen auch mit dem verstorbenen Syndicus Schuback.

Diesem sagte er, daß, da er den Plan habe Species zu münzen, so möchte er auch gerne mit der Hamburgischen Bank egal münzen.

Der Syndicus, der sein Lieblings-Project vom schweren Thaler nicht aus der Acht ließ, rieth ihm Species zu 2 Loth oder 8192 Ypftheile und 14 Loth 4 Grän Gehalt zu münzen, wozu er ihm die Berechnung machen wolle.

Der Graf war viel zu klug, als daß er nicht den Augenblick eingesehen hätte, daß ihm dieses keine Rechnung halten würde. Ueberdem war es seine Gewohnheit, alle Leute zu hören und am Ende das vortheilhafteste Resultat für sich herauszuziehen. Er antwortete daher, daß er die Sache überlegen wollte.

Schwere Thaler zu münzen, war nun wohl des Grafen Sache nicht, so lange er mit leichteren zukommen konnte; zumal da er wußte, daß die Bank leichtere nahm und wir unsere Fonds in so kurzer Zeit ohnmöglich in schwere verwandeln könnten, daher er auch auf diesen Vorschlag weiter nicht achtete.

Um aber seiner Sache völlig gewiß zu sein, kam sein Cassirer Häneke, der die Bankrechnung hatte und Bürger war, in die Bank und forderte 1000 Stück Species, so wie sie bei der Bank gegeben und genommen würden.

Hierbei fiel ein sehr merkwürdiger Umstand vor. Daß die Bank Speciesthaler von 7960 (116) Ypftheile nahm, habe ich bereits angeführt. Nun hatten die Cassirer, die jeden einzelnen Thaler wägen mußten, zugleich den Befehl alle Thaler die 8076 und darüber hielten, zurückzulegen und in besondere Beutel zu schütten. Wie demnach Häneke kommt und seine 1000 Thaler gleich mitnehmen will, haben die Cassirer glücklicherweise keinen andern Beutel mit 1000 Stück abgezählt bei der Hand, als einen mit 8076 gern, den sie ihm geben. Er fragt, ob das solche Thaler wären, als sie bei der Bank nehmen und geben, und wie sie solches mit Ja beantworten, bittet er den Beutel mit dem Banksiegel zu versiegeln. Dieses geschieht, und nun fängt der Graf an zu 8076 auszumünzen, anstatt 7960.

Wäre dies nicht geschehen, so hätte er sich bei seiner Ausmünzung um $1^{1}/_{2}$% besser gestanden, die wir nachher würden verloren haben, als wir das Silber-System einführten.

Einige Zeit nachher, als schon eine große Menge dänischer Species ausgemünzt und auch viele in der Bank eingebracht waren, erzählten uns die Cassirer, daß sie so schwer und fast alle 8076 hielten, bei welcher Gelegenheit wir zugleich den vorerwähnten Umstand erfuhren.

Da wir nun fürchten mußten, daß der Graf mit der Zeit dahinter käme, so war kein ander Mittel zur Verhütung eines weit größeren Schadens übrig, als alle Gewichte bei der Bank, bei der Kammer, bei den Schoßtafeln und beim Zoll umzutauschen, und keine anderen Species als von 8076 passiren zu lassen.

Anfänglich verursachte dies mancherlei Verdrießlichkeiten. Die Börse murrte und in Gesellschaften ward trefflich auf uns geschimpft. Wir mußten schweigen, weil wir die wahre Ursache nicht sagen durften und in vier Wochen war man daran gewöhnt und alles war vergessen.

So stand die Sache, ohne daß sie sie eigentlich aufs Reine gebracht war. Auf der einen Seite behauptete man das Favoritproject vom schweren Thaler, auf der anderen Seite das Geldproject. Die Börse war in steter Ungewißheit und fürchtete eine abermalige Sperrung der Casse. Hierzu kam, daß die Bank der Kammer oftmals Vorschuß auf bewilligte Contribution gethan, die nicht allemal fällig waren wieder bezahlt worden. Mit einem Worte, man wollte helfen und wußte nicht wie es anzufangen. Es ward hin und wieder vieles darüber gesprochen. Und so war es denn auch gewöhnlich der Vorwurf unserer Unterredungen in der patriotischen Gesellschaft. Eines Abends als wir wieder darüber sprachen und der jüngstverstorbene Baumeister Sonnin gegenwärtig war, sagte derselbe in seinem gewöhnlichen Tone:

„Ei, ei, was doch die Chinesen für kluge Leute sind, die kehren sich an kein Gepräge, sondern nehmen alles Silber nach Gehalt und Gewicht, wenn wir das doch auch thäten, so brauchten wir uns nicht die Köpfe darüber zu zerbrechen, sondern wir rechneten alsdann am einfachesten und gewissesten."

Der Gedanke war neu und besonders dem jetzigen Oberalten Tonnies und mir sehr auffallend.

Daß der Baumeister Recht habe, war ausgemacht, es kam nur auf die Kunst an, wie das Ding am besten anzufangen.

Nach vielen Ueberlegungen wurden wir eins, es dem Wohlseligen Herrn Senator Lütkens zu eröffnen, der damals noch ein Mitglied des Collegii der Sechziger war.

Herr Lütkens sah die Nützlichkeit des Vorschlages sofort ein und war der Meinung, man müsse zu dem Behuf die schweren Species einschmelzen. Wie er aber weiter mit einem und dem andern darüber sprach, so fand er Schwierigkeiten ohne Ende. Theils konnte man das Lieblingsproject vom schweren Thaler nicht vergessen und theils verwarf man den Gedanken, weil er nicht von uns kam.

Nach und nach ward die Sache ruchtbar. Sie wurde dem Rathe vorgetragen, derselbe brachte sie an die Oberalten und so kam sie ans Collegium der Sechziger.

Hier ward sie mit einer großen Mehrheit der Stimme, als etwas ganz unerhörtes verworfen, daß man die schönen alten Speciesthaler einschmelzen wolle.

Inmittelst forderte die Kammer zu wiederholten malen um eine außerordentliche Contribution an, indem sie nicht im Stande sei, weder ihre eigenen Bedürfnisse zu bestreiten, noch der Bank ihre Schuld abzutragen.

Zu dem Ende proponirte der Rath eine Contribution von Ein halb Procent.

Diese wurde aber von der Bürgerschaft abgeschlagen. Nunmehr trat Herr Lütkens mit seinem Plane hervor, der vorher von allen Seiten geprüft und sehr sorgfältig erwogen war.

Dieser bestand in seinem ganzen Umfange darin: die Bank solle der Kammer mit Genehmigung des Raths, der Bürgerschaft, des Commerzii und der Bankintereſſenten, unter Garantie der Admiralität und des Rathsweinkellers ein Capital von zwei Millionen Mark Banco zu zwei Procent jährlicher Zinse belehnen, oder vorstrecken. Von diesen zwei Millionen werde dasjenige abgezogen, was die Kammer der Bank schuldig sei und der Ueberrest der Kammer von der Lehnbank zugeschrieben.

Zum Abtrage dieser Schuld bezahle die Kammer der Bank jährlich 50000 ℳ Banco; auch werde der etwanige jährliche Avance der Bank mit zum Abtrage gerechnet.

Dagegen solle die Casse der Bank nun und nimmer wiederum geschlossen und daß solches geschehen und der Abtrag bezahlt sei, Zweeen Deputirte des Commerzii bei jährlicher Ablegung der Bankrechnung mit zugezogen werden.

Um dieses alles möglich zu machen, sei es aber nothwendig, daß der Bank-Fonds verändert, und anstatt der Speciesthaler ein für allemal auf feinem Silber festgesetzt, auch zu dem Behuf die unbrauchbaren Species eingeschmolzen würden.

Damit die Bank hiebei aber nicht verlieren, auch der Werth des Bankgeldes dem bisherigen Speciesfuße so viel möglich genähert werde, so müsse man die Mark fein, eingehend zu 27 ℳ 10 ß und ausgehend zu 27 ℳ 12 ß festsetzen.

Unter diesen Bedingungen sei die Bank erbötig der Kammer zu helfen, im widrigen Falle sei kein ander Mittel als die proponirte Contribution von Ein halb Procent zu bewilligen.

Dieser Vorschlag erregte allgemeine Aufmerksamkeit. Vielen behagte es, daß sie nun keine Contribution bezahlen sollten und andere wehklagten, daß man die schönen alten Thaler einschmelzen wolle.

Nachdem man sich lange genug herumgestritten und alle mögliche Aber und Wenn mündlich und schriftlich angebracht, auch sich in allen Gesellschaften damit unterhalten hatte, obgleich die wenigsten etwas davon verstunden, so behielt doch endlich die Meinung derer die Oberhand, die es gerathener fanden keine Contribution zu bezahlen, sondern die lieben Speciesthaler einschmelzen zu lassen.

Allein das schien ihnen doch zu hart, sich so ganz von ihnen zu trennen; es könne doch wohl angehen einen Theil derselben neben dem Silber beizubehalten; auch müsse man das Ding erstlich auf ein Jahr versuchen, um zu sehen wie es damit ginge, und es sodann alle Jahre in der Bürgerschaft wieder ansprechen.

Hätte man nicht schon gewußt, daß wenig Leute einen klaren Begriff weder von der Sache selbst, noch von ihrem großen Nutzen für unsere Handlung hätten, so könnte man es aus diesen Anmerkungen mit Ueberzeugung schließen.

Die Bank sollte der Kammer ein beträchtliches Capital von zwei Millionen vorstrecken, und man wollte sie in ihren zunehmenden Maaßregeln dahin einschränken, solches mit derjenigen Gewißheit thun zu können, daß kein Nachtheil für die Börse daraus entstünde. Ueberdem sollte sie eine doppelte Casse in zweierlei Werth halten, wovon die eine 1½ bis 2 % Ct. schlechter sei als die andere, da sie doch voraussehe, daß man ihr nun die Species auf dem Halse lassen und das bessere Silber so viel mehr herausholen werde.

Indeß ging sie es ein, in der Hoffnung, daß sich die Zeiten ändern würden, wenn man den Nutzen mehr und mehr einsehe.

Hierauf erging am 18. Januar 1770 der bekannte Rath- und Bürger-Schluß, der alles dieses bestätigte.

Das hauptsächlichste wofür die Bank jetzt zu sorgen hatte war ein Vorrath von feinem Silber, als woran es ihr durchaus nicht fehlen mußte.

Dann hätte sie bei der noch immer so großen Verschiedenheit der Meinungen und der schwankenden Ungewißheit, worin das Publikum sich befand, nur einen einzigen Augenblick Anstand nehmen müssen, einem jeden der Silber forderte, solches zu geben, so wäre das Geschrei allgemein geworden und das ganze herrliche Gebäude mit einem Male eingestürzt.

Selten ist jedoch wohl jemand das Wort unbrauchbar von solcher Wichtigkeit gewesen, als es uns damals war, denn hätten wir nicht glücklicherweise den Ausdruck Unbrauchbare Species mit in den Rath- und Bürger-Schluß hineingeschoben, so wären wir oft in große Verlegenheit gewesen; so aber konnten wir ihn auslegen, wie wir es der Bank für zuträglich hielten.

Und wirklich hatten wir im Anfange einen schweren Stand. Beinahe zwei Millionen Creditgeld waren mehr ins Publicum gebracht. Es war also vorauszusehen, daß sich das Pari mit Holland ändern und Silber mit Vortheil würde nach Holland versandt werden können; dieses traf auch richtig ein.

Das Herausholen fing sehr hitzig an, so daß uns zuweilen, bei aller äußern Heiterkeit, wahrlich nicht recht gut zu Muthe war.

Indeß, wir mußten es aushalten, es koste was es wolle, weil wir den fatalen Rath- und Bürger-Schluß erfüllen sollten.

Doch unsere Verlegenheit war noch nicht groß genug, man wollte uns das Maaß voll messen, wir sollten der schlaflosen Nächte mehr haben.

Die Gegenparthei lauerte an allen Ecken und Enden, und so erhob sich ein allgemeines Geschrei, daß wir alle Thaler, die in der Bank wären, einschmelzen wollten. Das hatte die Folge, daß wir an einem und demselben Tage ein Conclusium vom Rathe und vom Collegio der Sechziger erhielten, keine Species weiter einzuschmelzen.

Dieses Ungewitter sahen wir von ferne kommen, deswegen schmolzen wir ein Paar Tage zuvor 37 000 Stück, und ehe es uns insinuirt war, annoch in der nämlichen Nacht 60 000 Stück. Das war denn aber auch das letzte;

denn was nachher geschahe, war äußerst selten und im Grunde Kleinigkeit; überdem waren es größtentheils leichte Thaler, die wir von der Kammer al Marko genommen.

Im Ganzen hatte das Publikum sehr Unrecht uns so gewaltig herunter zu machen. Denn wenngleich die Affinir-Conte in der Bilanz oft sehr beträchtlich war, so verlor im Grunde das Publikum doch nur wenig dabei weil nunmehr eines jeden Vermögen 1½ bis 2% besser geworden war.

Jetzt konnten wir etwas ruhiger sein. Durch das letzte Einschmelzen hatten wir uns einen ziemlichen Vorrath von Silber angeschafft. Wir hatten drei bis vier Monate Zeit gewonnen, wo wir hoffen konnten, daß sich der Cours auf Holland setzen, und das Herausholen aufhören würde. Ja wir konnten sogar erwarten, daß man wieder einbrächte.

Dies geschah denn auch wirklich kurze Zeit nachher. Der erste, der wieder einbrachte, war uns herzlich willkommen. Wer es war, ist mir entfallen. So viel erinnere ich mich noch, daß es ein Jude war. Indeß, er mochte sein, wer er wollte, sein Besuch war uns sehr angenehm.

Jetzt war der Sturm überstanden und wir hatten gewonnen. Hatten das Gebäude gegründet, das künftig zum Wohl unserer Stadt dastehen sollte. Hatten alle Widersprüche und Verfolgungen geruhig ertragen, ohne uns von unserm Plane zu entfernen. Und konnten der Zukunft mit froher Heiterkeit entgegensehen.

Anfänglich sah der Graf Schimmelmann zu unserer neuen Einrichtung verzweifelt scheel, und es war in dieser Rücksicht vielleicht nicht undienlich, daß wir die Species-Casse zum Theil beibehielten. Allein nun wollte er, um uns zu schaden, das Ding nachmachen und legte in Altona eine Bank an, die er ganz nach der unsrigen kopirte; nur mit dem Unterschiede, daß er das eingehende Silber auf 27 ℳ 11 ß und das ausgehende auf 27 ℳ 12 ß setzte.

Abermal eine neue Klage, die auf unsere Rechnung kam. Nun würde alles Silber nach Altona gehen und wir behielten nichts. Wir verabredeten, uns in dieses Geschwätz garnicht einzulassen. Denn so lange der Grundsatz nicht umgestoßen würde, daß zwar der Handel eines Landes oder einer Stadt eine Bank nothwendig machen, niemals aber die Anlegung einer Bank einen großen Handel herbeiführen könne, wenn er nicht zuvor schon dagewesen, so lange könnten wir dem ganzen Projecte ruhig zusehen

Inmittelst blieb bei unserer Einrichtung es immer noch ein großer Stein des Anstoßes, daß wir die doppelte Casse halten und das Ein- und Ausholen des Silbers, jährlich bei der Bürgerschaft ansprechen mußten. Dieses wurde nun zwar am 18. December 1780 durch die Mehrheit einer einzigen Stimme aufgehoben, allein die doppelte Casse blieb vor wie nach.

Endlich hat denn die würdige Administration der Bank auch dieses Hinderniß vor ein paar Jahren aus dem Wege geräumt, und die Species-Casse der Kammer übertragen, so daß unsere Bank nunmehr einzig und allein auf feinem Silber gegründet, und dadurch die solideste von ganz Europa geworden ist.

Das ist die Geschichte der Bank, so wie ich sie erlebt habe. Sie ist mit aller Unpartheilichkeit nach der strengsten Wahrheit entworfen.

Ich glaubte es würde gut sein, sie den künftigen Zeiten zur Nachricht zu hinterlassen, damit sie daraus ersehen möchten, mit welcher Mühe und unter welchen Umständen die Einrichtung des jetzigen vortrefflichen Systems des feinen Silbers bei der Bank zu Stande gekommen und wie sehr die jedesmalige Administration Ursache habe, dasselbe mit möglichster Sorgfalt in den einmal angenommenen und durch die Erfahrung bestätigten Grundsätzen zu erhalten.

Uebrigens konnte alles, was bei dieser merkwürdigen Veränderung vorgefallen, niemand bisher bekannt sein als mir, indem sie gerade in die Zeit fiel, wo ich Deputirter des Commerciums und Bankbürger war.

Hamburg, den 14. März 1795.

(gez.) N. A. J. Kirchhof.

(Anlage IV befindet sich vor Seite 99.)

Anlage V.

Extractus Protocl. Senatus Hamburgensis
Mercurii, den 25. Juli 1855.

Ad lectas supplicas der intus unterzeichneten hiesigen Handlungshäuser Supplicanten, Conclusum et Commissum Domino Referenti, den Supplicanten mitzutheilen, das und aus welchen Gründen E. H. und dabei demselben namentlich Folgendes zu bemerken: Wenn auch eine Vereinigung bedeutender Geldkräfte, um dem Handel durch Vorschußleistung und Wechseldiscontirungen zu dienen, an und für sich gewiß immer etwas Wünschenswerthes sei, so beruhe doch das jetzt vorgelegte Project seinem innersten Wesen nach auf etwas ganz anderem, nämlich auf der Creirung einer fictiven und imaginären Geldkraft, vermöge einer Emission von Banknoten, deren nach den Bedingungen des Plans schon bei dem vorerst zu bildenden Stammcapital von 15 Millionen ℳBco auf 45 Millionen gebracht werden könne, abgesehen noch von der intendirten Vergrößerung des Baarfonds durch zinsbare Geldaufnahme (nach § 16 No. 3), wodurch eine noch weitere und völlig illimitirte Steigerung der Notencirculation ermöglicht werde. Daß die Operationen mit einem solchen selbstgeschaffenen und nichts kostenden Capital überaus gewinnbringend für die Actien-Gesellschaft werden dürften, und daher die Betheiligung an der Actienzeichnung sehr einladend erscheine, sei klar, dagegen aber habe die Staatsbehörde, von welcher die Sanctionirung eines so weitreichenden Unternehmens erbeten werde, sorgfältig zu prüfen, ob überall zu einem derartigen Institute ein Bedürfniß vorwalte, ob es, wenn es zur Ausführung komme, nicht vielleicht mehr schädlich als nützlich wirken werde und ob es nicht jedenfalls mit großen Gefahren verbunden sei.

Ein Bedürfniß zur Papiercirculation, wie es in anderen Ländern durch die Nothwendigkeit einer leichteren und bequemeren Zahlungsweise bestimmt werde, existiren für uns gar nicht. Wir besitzen in dieser Beziehung jede wünschenswerthe Leichtigkeit und Bequemlichkeit durch die Einrichtungen unserer Girobank, welche aufzugeben oder durch eine Zettelbank zu ersetzen, schon deshalb unmöglich sein würde, weil unsere eigenthümliche, mit unschätzbaren Vortheilen verknüpfte Banco-Währung — das Rechnen und Zählen mit einer Gewichts-Einheit von feinem Silber in Barren — das Vorhandensein einer Girobank mit Nothwendigkeit voraussetzt. Ebensowenig existiere ein Bedürfniß die Papiercirculation im Innern von Deutschland zu vermehren, als worauf die projectierte Bank, vermöge der vorbehaltenen Befugniß die Banknoten auch in ℛ des 14 ℛ-Fußes auszustellen, gleichfalls abzuzielen scheine; denn für die dortige Circulation sei bereits durch das vielfältige Papiergeld der einzelnen Bundesstaaten und durch die mannigfachen Noten der in neuerer Zeit entstandenen, von den Supplicanten als Muster empfohlenen Banken hinreichend und sogar in dem Maße gesorgt, daß mehrere einzelne Regierungen durch Verbote dem Ueberhandnehmen des nicht einheimischen Papiergeldes zu wehren angefangen haben. — Eine Bank auf das Ausgeben von Papiergeld zu gründen, ohne daß ein wirklicher Bedarf desselben zur Zahlungsbequemlichkeit obwalte, sei aber schon an und für sich ein bedenkliches Unternehmen. Inzwischen walte aber auch eben so wenig für die dadurch herbeizuführende fictive Kapitalvermehrung bei uns ein Bedürfniß ob, denn der in Hamburg vorhandene, dem Handel dienende Geldfonds reiche zur Bewältigung aller wünschenswerthen soliden Geschäfte hin. Wenn Vorschüsse auf Waaren hierselbst seltener vorkommen, so liege das nicht an dem Mangel disponiblen Geldes, sondern an den commerziellen Gewohnheiten des Platzes, deren Solidität und Besorglichkeit für die Aufrechterhaltung des Credites überhaupt manche Erleichterungen, welche anderswo üblich seien, verschmähe. Eine Vergleichung unseres commerziellen Zinsfußes mit dem anderer Handelsplätze weise aus, daß derselbe durchschnittlich niedriger sei als irgendwo sonst, und wenn er hin und wieder größeren Fluctuationen unterworfen erscheine, so habe dies seinen erklärlichen Grund in dem Umstande, daß dabei ganz allein das natürliche Verhältniß von Begehr und Angebot sich wirksam zeige, dessen Schwankungen sich wie in jedem anderen Handelszweige so auch in diesem ganz von selbst in kürzester Zeit wieder ins Gleichgewicht setzen, sobald man dem Verkehr seine volle natürliche Freiheit lasse. Je rascher und vollkommener die Communicationsmittel in neuerer Zeit geworden seien, um so kürzere Zeit mache sich der Mangel des Silbers, welches, dem Gange der Course folgend, schnell wieder herbeiströme, fühlbar. Es sei wünschenswerther, diesen Zustand zu behalten, als sich durch Errichtung eines prädominirenden Bankinstitutes einen künstlichen Regulator zu schaffen. Die Abhängigkeit des hiesigen Handelsstandes von einem solchen Institute, eine Abhängigkeit, welche, wie die Erfahrung anderer Länder zeige, hin und wieder sogar bis zu einer Art von Bevormundung gehen könne, sei um so bedenklicher, als die Actien des projectirten Institutes und dadurch mittelbar der Einfluß auf die Leitung desselben sich zufolge der Grundlagen des vorgelegten Planes der Mehrzahl nach in den Händen Auswärtiger finden könnten. Die vielen vereinzelten Capitalien, welche jetzt der Benutzung des Handels zu Gebote stehen, die Fonds von Privatdisconten, öffentlichen Anstalten, Actien-Compagnien u. s. w., ja selbst die fremden für eine Zeit lang disponiblen Capitalien, welche sich in unserer Bank, ihrer Zuverlässigkeit wegen, allezeit in großem Maße aufgehäuft finden, würden von der Concurrenz eines mit überlegener Papiermacht wirkenden Bankinstitutes zurückgedrängt werden und zu anderen Arten von

Verwendungen übergehen. Ein übergroßer Nachtheil würde hieraus entstehen für die Zeiten einer Geldklemme, wo eine ihren Baarfonds überschreitende Zettelbank jedesmal, der zwingenden Natur der Sache nach, ihre dienstbare Wirksamkeit einziehen und beschränken und somit — gerade in der Zeit, wo das Gegentheil am nöthigsten wäre — die Hilfe, welche von ihr bis dahin geleistet und auf welche auch ferner gerechnet wurde, versagen müsse. Der Mangel der bisherigen Discontirungsmittel würde in solchen Fällen auf das empfindlichste fühlbar werden. Aber auch abgesehen von den Zeitpunkten eines ungewöhnlichen Geldbedürfnisses werde eine monopolisirende Discontobank den Mitgliedern des Handelsstandes, namentlich denjenigen, welche mit geringeren Vermögenskräften arbeiten, manches Nachtheilige, durch die Unmöglichkeit, ihre Wechsel, wenn sie bei der Bank zurückgewiesen werden, anderswo zu discontiren, zu Wege bringen, während jetzt oft ein Wechsel, der von dem einen Discontanten abgelehnt werde, doch noch bei einem anderen Aufnahme fände. Wenn dagegen andererseits zwar auch die Vortheile nicht verkannt werden können, welche eine große offene Casse dem Aufschwung der Geschäfte zu gewähren im Stande ist, so dürfe doch nicht außer Augen gelassen werden, daß diese Vortheile hauptsächlich nur den größeren Geschäftshäusern zu Gute kommen und zur Vermehrung von speculativen Unternehmungen beitragen würden, welche der Sphäre der außerordentlich großen Zahl mittlerer Häuser ferner liegen. — Ganz besonders aber fasse E. H. Rath die außerordentliche Gefährlichkeit eines Unternehmens wie das projectirte ins Auge. Wenn es schon das Schicksal eines jeden solchen Institutes, auch des größten in dem größten Staate sei, daß es im Fall außergewöhnlicher Ereignisse eine Krisis nicht nur nicht beseitigen könne, sondern sie im Gegentheil durch die nothwendige Beschränkung der von ihr zu gewährenden Hilfsmittel steigern müsse, so gelte dies für eine jede derartige bei uns einzuführende Zettelbank in überaus erhöhtem Maße. Während dort die Unentbehrlichkeit einer Papiercirculation für das Bedürfniß des Großhandels eine wirkliche Ausleerung des reservirten Baarfonds zu einem äußerst unwahrscheinlichen Ereigniß mache — obgleich auch davon erschreckende Beispiele selbst bei den am allergroßartigsten ausgestatteten Banken eingetreten seien —, so sei ein Gleiches für eine hiesige Bank, bei dem Mangel jenes Fundamentalbedürfnisses, durchaus nicht so entfernt liegendes. Es sei dazu nicht einmal eine Krisis erforderlich. Eine jede sehr bedeutende Ordre auf Silber, welche, sei es aus dem Bedürfniß einer Regierung oder auch nur aus einer bloßen Bankier-Operation hervorgegangen, nach Hamburg gegeben werde, könne eine Bank wie die projectirte dermaßen in ihrem Geschäftsgange stören und in Verlegenheit bringen, daß die daraus gezwungen hervorgehende Beschränkung ihrer Discontirungen eine Krisis am hiesigen Platze recht eigentlich erst herbeizuführen im Stande sei. Ja, die wirkliche Sprengung ihres ganzen Baarvorrathes und eine dadurch verursachte Stockung, welcher durch einen noch so großen Vorrath der sichersten, aber noch nicht fälligen oder exigiblen, Wechsel und Unterpfänder nicht vorzubeugen sei, würde auch bei der größten Vorsicht in der Leitung, für welche sich überdies nie eine Garantie geben lasse, dennoch zu den leicht denkbaren Ereignissen gehören. Da die Noten der neuen Bank, wenn dieselben überall Eingang gewinnen, möglicher, ja sogar wahrscheinlicher Weise zu einem allgemein gebrauchten Zahlmittel werden würden, so lasse sich die Verwirrung und Calamität, die aus einer solchen Zahlungs-Suspension entstehen könnte, nicht bedenklich genug ansehen. Da überdies die neue Bank, falls sie das werde, was sie ihren Statuten nach beabsichtige, zweifelsohne selbst unserer Silberbank einen großen Theil ihrer bisherigen Thätigkeit nehmen würde, und dieselbe sogar in die Lage versetzen könnte, nur zu ihrem, der neuen Zettelbank, Cassierer herabzusteigen, so würde die Entleerung des Baarfonds dieser Zettelbank möglicherweise zugleich die Erschöpfung des Silberfonds unserer Silberbank nach sich ziehen und dadurch eine mercantilische Krisis von so verderblichen Folgen herbeiführen können, daß eine Handelsstadt, welche, wie Hamburg, ihre Kraft lediglich in ihrem commerciellen Reichthum und in ihrem Credite zu suchen habe, sie schwer zu verwinden im Stande sein dürfte. Die Voraussicht solcher besorglicher Eventualitäten beruhe keineswegs auf einer allzuweit getriebenen Befürchtung, sondern auf einer ruhigen Erwägung unserer localen Verhältnisse und auf den im Gebiete des Bankwesens anderswo gemachten Erfahrungen, einem Gebiete, welches nicht etwa, wie es jetzt bei uns oft geschehe, als ein neues betrachtet werden könne, sondern seit mehr als 150 Jahren vielfach und nach allen Richtungen ausgebeutet sei, ohne daß sich dabei irgend eine neue Erfindung oder Entdeckung gezeigt hätte, es wäre denn etwa diejenige, die wir selbst in der zweiten Hälfte des vorigen Jahrhunderts durch unsere, einzig in der Welt dastehende Bankvaluta gemacht haben, und welche den hoffentlich nicht zu erschütternden Grundpfeiler unseres Geldes- und Handelsverkehrs zu bilden fortfahren werde. — Sobald sich die Supplicanten den unverkennbaren Unterschied vergegenwärtigen würden, der rücksichtlich einer nicht durch vollständigen Baarfonds gedeckten Banknoten-Circulation bestehe zwischen einem großen Lande, welches derselben als eines der legalen Repräsentativs der Landeswährung für seinen inneren Verkehr in irgend einer Weise stets bedürfe, und einer einzelnen Stadt, deren Währung als Zahlmittel kaum über ihre Thore hinausreiche, während sie als Waare, als rohes Silber, jederzeit von der ganzen Welt gebraucht und bezogen werden könne, so würden sie selber von jeder Gleichstellung so heterogener Verhältnisse und allen daraus zu entnehmenden gefährlichen Consequenzen abstrahieren.

Mit Freuden habe E. H. Rath in wiederholten kritischen Perioden gesehen, wie der verständige und gemeinnützig patriotische Sinn unserer Börse zur Zeit der Gefahr, durch freiwilliges Zusammentreten begüterter Mitglieder eine Aushilfe gegen momentane Geldbedrängnisse mittelst temporärer Begründung von Disconto- und Vorschußcassen gesucht und stets damit den wohlthätigen Zweck der Beruhigung und des sich festigenden Vertrauens erreicht habe, bis die Natur der Dinge das augenblicklich gestörte Gleichgewicht wieder herstellte. Wenn dagegen der nützliche Erfolg solcher temporären, übrigens aber immer auf effectivem Gelde basirten Hilfsanstalten dann und wann den Wunsch rege machte, auch in regelmäßigen Zeiten derartige perpetuelle Anstalten dastehen zu sehen, welche jedoch, um zugleich einen geschäftlichen Nutzen gewähren zu können, auf einer über das Baarcapital hinausgehenden Papiercirculation basieren sollten, so habe E. H. Rath solche Pläne niemals zu billigen vermocht, und beziehe Er Sich des Endes auf Seine zum Theil neuerlich durch den Druck veröffentlichten, auch in der Bittschrift der Supplicanten angezogenen Verhandlungen mit löblicher Commerz-Deputation im Jahre 1846. Was Er damals in Bezug auf eine in sehr viel kleinerem Maßstabe projectirte Notenbank mit Rücksicht auf die nothwendig zu supponirende Absicht, in diesem kleineren Projecte nur einen ersten Versuch und Anfang für spätere ausgedehntere Pläne darzustellen, der Commerz-Deputation bemerkt habe, das gelte in noch weit vollständigerem Maße für den gegenwärtigen Plan, der sofort mit einer großen finanziellen Bedeutung aufzutreten beabsichtige.

Der Senat gebe Sich der Hoffnung hin, daß die Supplicanten von diesem Plane nach nochmaliger Erwägung freiwillig abstehen werden, auch ohne daß Er nöthig habe, in die Specialien der einzelnen, zum Theil noch besonderen Anstand erregenden Bestimmungen desselben einzugehen, oder auf das Bedenkliche hinzuweisen, welches die Ausführung des Unternehmens gerade jetzt in der ungewissen Zeit eines großen europäischen Krieges haben würde. Die von Ihm erbetene Seinseitige Sanction des Institutes könne Er nicht gewähren, noch demselben irgendwelche von Ihm dependirende Begünstigungen zu Theil werden lassen, vielmehr müsse Er wiederholen, was Er schon bei Gelegenheit des Projectes von 1846 für einen möglichen eventuellen Fall bemerkt habe, daß nämlich die Emission eines Allgemeinen Papier-Circulations-Mediums, wie sie in keinem Lande ohne Autorisation gestattet sei, so auch hier nöthigenfalls das Einschreiten des Staates hervorrufen zu müssen scheine.

Anlage VI.

Herr Maaß, Director der Norddeutschen Bank, gab folgendes Votum ab:

Die Valutafrage, d. h. der Uebergang von Banco zur Thalerwährung, sei bisher, sowohl im ganzen Publicum, wie auch in diesen Sitzungen in einer Weise behandelt worden, welche die Bedeutung dieses Ueberganges viel zu sehr überschätze. Seines Erachtens reducire sich dieselbe im Wesentlichen auf eine financielle Verkehrserleichterung, empfehle sich aber eben damit um so dringender. Um hierüber ein Urtheil abzugeben, sei allerdings wohl der Bankier am besten berufen. Wenn man mit ansehen müsse, wie die benachbarten Länder immer mehr ihren Wechselverkehr von uns abwendeten, um einen Markt zu wählen, der an und für sich die vielseitigen Beziehungen des unsrigen keineswegs aufzuweisen habe, so müsse nothwendig irgend ein Umstand vorhanden sein, der den Verkehr mit uns erschwere. Jahrelang habe man von Consignenten und Committenten die Klagen hören müssen, daß die Unsicherheit der Gegenanschaffung ihnen die größten Schwierigkeiten bereite, bis denn diese Klagen nach und nach verstummt seien, weil eben die Aufträge selber weggeblieben seien. Die Gleichstellung unserer Valuta mit der des Inlandes könne demnach das Devisengeschäft nur aufs Neue beleben.

Viel wichtiger aber noch als diese wahrscheinliche Ausbreitung unseres Wechselgeschäfts sei die wesentliche Erleichterung, welche unser Geldmarkt erfahren dürfte, und die für denselben zu erreichende größere Gleichmäßigkeit, sobald die durch Angebot und Nachfrage bedingten Schwankungen ein größeres Gebiet fänden. Nicht nur die, zusammengenommen immerhin nicht unbedeutenden, hier zerstreut liegenden Baarsummen würden durch den Uebergang zur Thalerwährung zum Verkehr herangezogen werden, sondern wir würden uns auch die in der Nachbarschaft befindlichen reichen Regierungs- und Privatkassen erschließen, welche bislang, so lange wir noch auf einer Umwechslung in Banco bestanden hätten, nicht zu bewegen gewesen wären, uns Gelder hierherzulegen. Ein großer Handelsplatz aber, welcher, vermöge seines täglichen Verkehrs, immer Verwendung für Gelder habe, und doch nicht im Stande sei, Capitalien heranzuziehen, müsse entweder ein im Credit verrufener sein, was wir von dem unsrigen nimmermehr glauben möchten, oder es müsse in der Verkehrsmaschine desselben etwas nicht in Ordnung sein, und dem sei allerdings so. Immer habe er es als eine der vornehmsten

Aufgaben der Norddeutschen Bank erachtet, Gelder zur Verzinsung auf hiesigem Platze heranzuziehen, müsse aber bekennen, daß dies der Norddeutschen Bank in einigermaßen erheblichem Grade erst von dem Augenblicke gelungen sei, wo sie sich entschlossen habe, in Courant zu verzinsen, mithin das Cours-Risico auf sich zu nehmen. Noch manche Gelder seien zu haben, aber könne man sich auf eine illimitirte Courantverzinsung einlassen, wenn fortwährend der Cours-Risico drohe? Habe man doch im vorigen Herbst es als eine im Wege der Supplik errungene Vergünstigung ansehen müssen, daß der Senat die fernere Einbringung eines größeren Postens von Silberthalern gestattet habe. Und nicht nur hafteten hierauf die gesetzmäßigen 7% Einschuß, nein! auch noch die specielle Verpflichtung zu jederzeitiger Herausnahme, unter dem Präjudiz sofortiger Einschmelzung habe eingegangen werden müssen. Könne dergleichen zur Heranziehung weiterer Depositen, deren wohlthätiger Einfluß auf den Geldmarkt doch allseitig anerkannt werde, ermuthigen? Da doch einmal beschlossen sei, Enqueten bei den verschiedenen Geschäftsbranchen vorzunehmen, so wolle er hier für die Norddeutsche Bank erklären, daß deren doch immerhin einigermaßen bedeutendes Geschäft, einige kleine Wechselungsgeschäfte vielleicht abgerechnet, ungestört fortgehen würde, ja noch ganz neue Felder der Thätigkeit sich ihr eröffnen würden, wenn morgenden Tages von der Banco- zur Thalervaluta übergegangen würde, und ebenso werde es, seiner festen Ueberzeugung nach, der Vereinsbank, so werde es allen Bankiers gehen. Auch darauf wolle er aufmerksam machen, wie die Hamburger Bankvaluta eine Cours-Notirung am hiesigen Platze zur Folge habe, die sehr leicht irre leiten könne. So seien z. B. 4% Berlin-Hamburger Prioritäts-Obligationen in Berlin 100, hier 98 notirt. Daß dies kein Unterschied von 2% sei, könne der in unseren Verhältnissen nicht bewanderte Inländer nicht begreifen, und auch an hiesigem Platze habe er mehrfach Privatleute gefunden, welche solches nicht begriffen. Aus dem Grunde lauteten denn auch z. B. die Aufträge der Hannoverschen Bankiers, wenn sie ja Thalereffecten von hier bezögen, stets: zu dem und dem Course in Courant, mit Umgehung der Bancorechnung. Denn wie könne auch sonst der Mann seiner Kundschaft, die meist aus Landvolk bestehe, eine verständliche auswärtige Berechnung aufweisen? Werde ihm nicht sonst gesagt werden, daß ja das Papier in Hamburg 2% billiger stehe? Derselbe Bankier sei aber gar nicht gewillt, die kleinen Chancen der Hamburger Geldnotiz zu tragen, vielmehr müßten wir sie einfach selber tragen; denn Niemand in der ganzen Welt sei geneigt, uns auch nur einen Pfennig zu opfern, damit wir bei einer Valuta beharren könnten, deren Vorzüge heutzutage eben Niemand, außer uns selber, anerkenne. Das Bestehen der Bancovaluta während Menschenaltern habe nicht einen einzigen Staat zur Nachahmung bewogen. In England, wo jeder nicht vollwichtige Sovereign cassirt werde, werde doch der Goldbarren als Waare behandelt. In den Niederlanden, wo man erst jüngst zur Silberwährung übergegangen sei, wo die Niederländische Bank vielleicht den größten Silbervorrath in Europa hatte, sei doch die Münze, nicht der Barren, zu Grunde gelegt. Als Beispiel übrigens, welchen Eventualitäten man doch auch gerade mit den Silberbarren ausgesetzt sei, wolle er anführen, daß neulich der Norddeutschen Bank eine der Hamburger Bank entnommene Partie Silberbarren zugekommen sei, welche man ihrer Sprödigkeit halber in England nicht habe verwenden können. Der Engländer verlange nun die Kosten der Umschmelzung und der daraus entstehenden Differenz. Das Höchste aber, wozu sich der hiesige Wardein verstehen wolle, sei nochmalige Probirung des zurückgehaltenen Probestücks. Nun sage man von der Gegenseite häufig, aber mit dem größten Unrecht, der Courantthaler sei eine für den Welthandel unbrauchbare Münze, während es doch den darin handelnden Staaten, welche keineswegs gerade zu den allerersten gehörten, möglich geworden sei, Baarvorräthe von 90 Millionen ℳ und mehr in den verschiedenen preußischen und sächsischen Banken zu sammeln, welchen 90 Millionen vielleicht, Alles in Allem gerechnet, ein Gesammtengagement von 300 Millionen gegenüberstände, während schon in Großbritannien — von uns gar nicht zu sprechen — das Verhältniß ein weit ungünstigeres sei. Wie sehr er auch entfernt sei, das große Verdienst und den glücklichen Gedanken zu verkennen, den unsere Voreltern gehabt, als sie inmitten einer allgemeinen Münzcalamität die Bankvaluta errichteten, so müsse man doch einsehen, daß, was sich damals bei außerordentlich beschränkten Verkehrsverhältnissen habe halten lassen, jetzt, wo Hamburg nicht mehr der gegebene und allein mögliche Mittelpunkt sei, wo die Eisenbahnen es möglich machten, ganz bequem um uns herumzufahren, — sich noch ferner werde halten lassen. Der Zollverein, mit dessen Zolllinie man uns rücksichtslos immer enger und enger umgebe, habe uns gezeigt, welch' enorme Vortheile die Gleichmäßigkeit der Berechnungen auf einem größeren Gebiet hervorzubringen im Stande sei. Ursprünglich eine reine Schutzmauer gegen fremde Fabrikate, sei er jetzt so sehr innerlich gekräftigt, daß er bereits seinen Nachbarn eine Concession nach der anderen abringe. Auch in der Valutafrage sei derselbe Weg gegeben. Was der Bancovaluta bisher trotz ihrer Vorzüge nicht gelungen sei, das könnte viel eher der Thalervaluta, wenn wir uns ihr anschlössen, gelingen: die wirkliche Begründung einer Weltvaluta, gleich der englischen und französischen. So sehr ausgedehnt unsere Beziehungen seien, so seien es doch immer nur Beziehungen von dem Umfange, wie sie eine einzelne Stadt zu bieten vermöge. Der Umstand, daß diese Stadt auch zugleich ein Staat sei, sei völlig irrelevant, und sollte am wenigsten in dieser Commission, die eine Kaufmanns-Commission sei, betont werden. Müsse er erwogen werden, so könne man ihn getrost der Rath- und Bürger-Commission, die jetzt zusammentreten werde, überlassen. Man könnte sonst sagen, daß man hier die Bank-Valuta mit Vorurtheilen und nicht mit Argumenten vertheidige. Seines Wissens sei Hamburg nur in einem Artikel: Kaffee der wirklich tonangebende Markt; dagegen bilde es einen täglichen Markt allerdings in einer Menge von Artikeln, und so komme der Name Hamburg an allen Börsen vor, während es uns doch nicht gelungen sei, in anderen Artikeln, als dem genannten, die tonangebende Devise zu werden, und der Umfang des im Auslande befindlichen Portefeuilles von Banco sich, trotz der vermeintlichen Vorzüge der Silbervaluta, täglich verringere. Nicht darum nehme z. B. der Banco-Cours in Berlin eine hervorragende Stelle ein, weil man vorzugsweise gern in Banco handelte, sondern weil, Jahr aus Jahr ein, hieher zu remittiren sei, was in gleichem Maße fortdauern würde, auch wenn die Devise Courant-Thaler wäre. In London komme Banco in größerem Maßstabe vor, weil wir es seien, die dort Waareneinkäufe machten, und man würde ebenso in Thalern ziehen, wenn man diese zur Zahlung offerirte. Derjenige Theil aber von Wechseln auf Hamburg, welcher aus dem inneren England komme, werde gar nicht in Banco, sondern in £ gezogen und erst bei der Regulirung zu Banco gemacht, würden daher auch eben so wohl zu Thalern umgerechnet werden können. Und an welchen überseeischen Plätzen spiele denn Banco eine irgend bedeutende Rolle? In New-York seien wir nicht bedeutender als Bremen, Berlin, Cöln. In einigen Plätzen Süd-Amerikas komme unser Name hin und wieder vor, nicht aber, weil man etwa den Vorzug unserer Valuta begreife, sondern weil es glücklicherweise einige reiche und angesehene Hamburger Firmen gäbe, die lebhafte Beziehungen mit jenen Plätzen unterhielten. Und darin liege in der That das Geheimniß. Blieben wir nur im Geschäfte, gäben wir nach wie vor Credite, so werde auch unsere Bedeutung, ohne Ansehung der Valuta, die bisherige überall bleiben. Aber durch Annahme der Thaler-Valuta, durch die Gleichheit des Interesses mit vielen inländischen Firmen, könnten wir möglicherweise mittelst vermehrter directer Umsätze in jenen Plätzen die Notirung auf uns selbst durchsetzen und uns von der lästigen englischen Provision emancipiren. Warum sollten Deutsche Banken nicht eben so gut dazu gelangen, sich überseeisch zu etabliren, wie es die Englischen Banken längst, die Französischen in jüngster Zeit gethan? Wie wenig das Beibehalten unserer jetzigen Valuta hierzu helfen würde, beweise am besten, daß das ganz in unserer Valuta schwelgende Indien und China dennoch von unserem Banco gar nichts wissen wolle. Statt daß wir etwa durch unsere gleiche Valuta uns dies Terrain erobert hätten, beschränke sich die Banco-Trassirung dort auf ein halbes Dutzend Hamburger Häuser.

Noch eine Seite des Hamburgischen Geschäfts sei zu erwähnen, seine Stellung als Bankier des Nordens, — die, sage man, werde durch das Aufgeben der Bankvaluta verloren gehen. Aber diese Verbindungen beruhten ja auf unserer gar nicht zu ersetzenden Stellung als nächste größere Hafenstadt, auf unserer Bereitwilligkeit und Coulantheit im Creditgeben, und daher würden uns auch diese Verbindungen bleiben, unsere Währung möge sein, welche sie wolle. Ja, es sei sogar wahrscheinlich, daß Schweden und Dänemark mit uns zur Thalerwährung übergehen würden, und wenn Hamburg allein nicht den Wunsch zu solchem Uebergange habe, so würde sich vielleicht in dieser Beziehung mit jenen Staaten eine Gemeinsamkeit erzielen lassen, da Schweden mit seinen Thaler-Anleihen bereits auf halbem Wege sei, und in Dänemark diese Frage bereits vor dem Kriege unter ungünstigeren Verhältnissen lebhaft discutirt sei. Ja, weiter noch! Auch Bremen würde vielleicht dem von Hamburg gegebenen Impulse folgen, denn Bremen habe sich nicht aus einem speciellen commerciellen oder staatlichen Bedürfniß die Goldvaluta angeeignet, sondern sei nur das Ueberbleibsel eines größeren, früher in Goldwährung rechnenden Districts.

Als Haupteinwand endlich gegen die Thalervaluta werde immer hervorgehoben die zu befürchtende Concurrenz des Inlandes auf dem Gebiete des Accept-Geschäftes. Aber wenn, um ein Beispiel anzuführen, der Danziger oder Königsberger die Lust oder die Kraft hätte, für eine nach dem Norden gehende Ladung Getreide in Vorschuß zu gehen, oder sich ein Accept zu besorgen, so würde er sich dies schon längst arrangirt haben. Die Lust und Kraft habe er aber nicht, er bürde das lieber dem Hamburger auf. Sollte aber im Laufe der Zeit der Berliner oder Magdeburger Lust bekommen, sich dieser Acceptgeschäfte zu bemeistern, so möge man ihn ja nicht davon abhalten. Würden dieselben von unseren Schultern genommen, so würde das unseren Ruf im Auslande nur bessern, und man werde dann nicht mehr, wie neulich in einer Sitzung des Frankfurter Gesetzgebenden Körpers, von uns sagen: Frankfurt sei ein viel zu solider Platz, um sich Hamburg zum Vorbilde nehmen zu können, Frankfurt habe alle Krisen ruhig überstanden; als Hamburg gewankt und gefallen, habe Frankfurt nicht gezuckt. — Es würde diese mehrfach gefürchtete, aber von ihm beinahe gewünschte Concurrenz wohl zum Theil auf intelligentere Geschäfte hinleiten, als von den hier sich täglich etablirenden Commissions- und Speditionsfirmen betrieben würden, die nichts bedeuteten als die Besorgung vereinzelter Waarenaufträge und permanente Leistung von Blanco-Accepten, wie es denn auch eine überall im Auslande bekannte Thatsache sei, daß der Hamburger Markt bei Conjuncturen in der Regel der sanguinischste sei. Dies aber bekunde eine übergroße Neigung zur Speculation und sei ein Beweis gestörten Geschäftsgangs. Er suche eine Beseitigung dieser Störung vornehmlich in einer Beseitigung der künstlich aufrecht erhaltenen Valuta-Absperrung. — Obwohl geborner Hamburger, der nie im Auslande gelebt, sei er doch nicht blind gegen die bei uns herrschenden Mängel und möchte nicht, daß es uns ginge, wie einem eigensinnigen Hauseigenthümer, der alle zweckmäßigen Veränderungsvorschläge nicht hören wolle, weil sein Haus ja noch immer vermiethet sei, der aber eines Tages mit Leidwesen bemerke, daß seine Miether ihn verließen, weil sie anderwärts eine besser eingerichtete Wohnung gefunden. Dann möchte es mit der Veränderung leicht zu spät sein!

Anlage VII.

Entwurf
zu einem Hamburgischen Gesetze, betreffend die Hamburger Bankvaluta.

(Handelskammer.)

Nachdem durch Reichsgesetz, betreffend die Ausprägung von Reichsgoldmünzen, vom 4. December 1871, der Uebergang von den bisherigen Silberwährungen zu einer einheitlichen Goldwährung angeordnet und zugleich eine neue gemeinsame Rechnungseinheit, die Mark im Werthe von 1/3 ₰ des jetzigen Dreißig-Thalerfußes, dargestellt durch Goldmünzen von 10 und 20 Mark, in bestimmte Aussicht genommen ist, wird in Bezug auf eine entsprechende Umwandlung der bisherigen Hamburger Bankvaluta Folgendes bestimmt:

§ 1.

Vom Tage der Publicirung dieses Gesetzes an wird Fein-Silber als solches nicht mehr als directe Fundirung eines Guthabens in der Hamburger Bank angenommen, sondern nur als Gegenstand der Belehnung nach den dieserhalb von der Bank-

Mittheilung der Bürgerschaft an den Senat,
aus deren 27. Sitzung vom 12. Juli 1872, betreffend Gesetz wegen Umwandlung der Hamburger Bankvaluta.

(Bürgerschaft.)

Die Bürgerschaft beschließt und ersucht den Senat um seine Mitgenehmigung zu dem nachstehenden Gesetz, betreffend Umwandlung der Hamburger Bankvaluta:

Gesetz,
betreffend Umwandlung der Hamburger Bankvaluta.

§ 1.

Binnen 8 Tagen nach Publicirung dieses Gesetzes kann Jeder sein Guthaben in der Hamburger Bank in der Weise herausziehen, daß er für je 59 1/3 ℳBco 1 Pfund feinen Silbers in Barren erhält.

Nach diesem Termin ist die Bank-Administration berechtigt, nach ihrem jedesmaligen Ermessen die Guthaben auch in der Weise auszukehren, daß sie für je 300 ℳBco 450 Mark

Gesetz,
betreffend Umwandlung der Hamburgischen Bankvaluta.

(Senat.)

§ 1.

Schließung der Silber-Conten.

Sechs Monate nach Publicirung dieses Gesetzes werden die bisherigen, auf ungemünztes Silber begründeten Conten der Hamburger Bank geschlossen.

Von diesem Tage an kann über das Guthaben auf diesen Conten nur durch Entgegennahme des Silbers disponirt werden. Nicht in ungemünztem Silber zu zahlende Bruchtheile werden in Reichsgoldmünzen oder in Thalern zu dem nach Maßgabe § 7 ermittelten Course ausgekehrt.

§ 2.

Eröffnung von Conten in Reichsmünze.

Binnen acht Tagen nach Publicirung dieses Gesetzes werden in der Hamburger Bank Conten eröffnet, die in „Mark Reichsmünze" geführt

(Definitives)

Gesetz,
betreffend Umwandlung der Hamburgischen Bankvaluta.

Der Senat hat in Uebereinstimmung mit der Bürgerschaft beschlossen und verkündet hierdurch als Gesetz, was folgt:

§ 1.

Schließung der Silber-Conten.

Am 15. Februar 1873 werden die bisherigen, auf ungemünztes Silber begründeten Conten der Hamburger Bank geschlossen.

Nach diesem Tage kann über das Guthaben auf diesen Conten nur durch Entgegennahme des Silbers disponirt werden. Nicht in ungemünztem Silber zu zahlende Bruchtheile werden in Reichsgoldmünzen oder in Thalern zu dem in § 5 festgesetzten Course ausgekehrt.

§ 2.

Eröffnung von Conten in Reichsmünze.

Binnen acht Tagen nach Publicirung dieses Gesetzes werden in der

(Handelskammer.)

Administration bekannt zu machenden Bedingungen.

§ 2.

Vom Tage der Publicirung dieses Gesetzes an werden in der Hamburger Bank zur direkten Fundirung eines Guthabens nur Reichsgoldmünzen, und so lange nicht in Folge eines Reichsgesetzes den Zwei- und Ein-Thaler-Stücken des Dreißig-Thalerfußes die gleichberechtigte Geltung als gesetzliches Zahlungsmittel entzogen ist, auch diese Münzsorten Deutschen Gepräges angenommen, und werden hierbei 90 Mark Reichsgoldwährung oder 30 Thaler des Dreißig-Thalerfußes gleich gerechnet mit 59⅓ Mark bisheriger Hamburger Bankvaluta.

Während der ersten zwölf Monate nach Erlaß dieses Gesetzes wird beim Einbringen dieser Münzsorten die gesetzliche Bankgebühr von ½ per Mille nicht erhoben.

Wer während der Uebergangszeit (s. § 8) Reichsgoldmünzen oder Thaler in der Hamburger Bank einlegt, kann sich für die Dauer derselben die jederzeitige Wiederherausziehung dieser Münzsorten dadurch sichern, daß er solche gegen eine einmalige Gebühr von ½ per Mille belehnen läßt.

§ 3.

Binnen 14 Tagen nach Publicirung dieses Gesetzes kann Jeder sein Guthaben aus der Hamburger Bank in der Weise herausziehen, daß er für je 59⅓ ℳBco ein Pfund feinen Silbers in Barren erhält. Nach diesem Termin ist die Bank-Administration berechtigt, die Guthaben nach ihrem Ermessen auch in Reichsgoldmünzen oder in Thaler-Stücken, unter Beobachtung des im § 2 angegebenen

(Bürgerschaft.)

Reichsgoldmünze oder 150 Thaler in 1/1 oder 2/1 Stücken Deutschen Gepräges verabfolgt. Eine Verpflichtung der Bank-Administration, Demjenigen, der ein Guthaben aus der Bank zieht, auf Verlangen Reichsgoldmünze oder Thaler-Stücke zu geben, besteht indeß bis auf Weiteres noch nicht, außer in den in § 3 erwähnten Fällen.

§ 2.

Vom Tage der Publicirung dieser Verordnung an werden zur directen Fundirung eines Guthabens in der Bank nur Reichsgoldmünzen und 2/1 und 1/1 Thaler-Stücke Deutschen Gepräges angenommen und werden dem Einbringer für je 450 Mark Reichsgoldmünze, resp. 150 Thaler 300 ℳBco gutgeschrieben.

Fein Silber in Barren wird von demselben Zeitpunkte an (gleich den hierzu zugelassenen gewissen fremden Münzsorten und Gold in Sorten und Barren) nur noch als Gegenstand der Belehnung, nach den dieserhalb von der Bank-Administration bekannt zu machenden Bedingungen, in der Bank angenommen.

§ 3.

Wer Reichsgoldmünze oder Thaler in die Bank gebracht hat und sich die Sicherheit verschaffen will, daß ihm im Falle des Herausziehens des so begründeten Guthabens auch während der Uebergangsperiode Reichsgoldmünze oder Deutsche Thaler, nicht aber Silber in Barren, verabfolgt werde (s. § 1), kann sich dieserhalb eine Bescheinigung seitens der Bank-Administration gegen eine einmalige Gebühr von ½ per Mille ausstellen lassen, und erhält gegen Einlieferung dieses Scheins (respective Abschreibung

(Senat.)

und zu deren Fundirung Reichsgoldmünzen, resp. Zwei- und Ein-Thaler-Stücke Deutschen Gepräges eingelegt werden.

Die Auskehrung der Guthaben auf diesen Conten erfolgt gleichfalls in Reichsgoldmünzen, resp. Zwei- und Ein-Thaler-Stücken Deutschen Gepräges.

Summen unter einem festzusetzenden Minimal-Betrage können weder eingebracht noch herausgenommen werden. Hierüber, sowie über die zu berechnenden Spesen und sonst nöthigen Bestimmungen wird ein von der Bankdeputation unter Genehmigung des Senats zu erlassendes Regulativ das Nähere enthalten.

§ 3.

Bezeichnung der Zahlungen, welche in Reichsmünze durch die Bank geleistet werden sollen.

Soll für eine Zahlung in Reichsmünze die Regulirung durch die Hamburger Bank stipulirt werden, so ist der Angabe der Summe die Bezeichnung „Bankzahlung" (B.-Z.) hinzuzufügen.

§ 4.

Belehnungen.

Nach Schluß der Silber-Conten können von der Bank auf den Reichsmünze-Conten die bisher zur Belehnung zugelassenen fremden Münzsorten, sowie Gold und Silber in Barren belehnt werden.

Die Bankdeputation erläßt hierüber, nachdem sie die Genehmigung des Senats dazu eingeholt hat, die näheren Anordnungen.

(Definitives.)

Hamburger Bank Conten eröffnet, die in „Mark Reichsmünze" geführt und zu deren Fundirung Reichsgoldmünzen, resp. Zwei- und Ein-Thaler-Stücke Deutschen Gepräges eingelegt werden.

Die Auskehrung der Guthaben auf diesen Conten erfolgt gleichfalls in Reichsgoldmünzen, resp. Zwei- und Ein-Thaler-Stücken Deutschen Gepräges.

Summen unter einem festzusetzenden Minimal-Betrage können weder eingebracht noch herausgenommen werden. Hierüber sowie über die zu berechnenden Spesen und sonst nöthigen Bestimmungen wird ein von der Bankdeputation unter Genehmigung des Senats zu erlassendes Regulativ das Nähere enthalten.

§ 3.

Bezeichnung der Zahlungen, welche in Reichsmünze durch die Bank geleistet werden sollen.

Soll für eine Zahlung in Reichsmünze die Regulirung durch die Hamburger Bank stipulirt werden, so ist der Angabe der Summe die Bezeichnung „Bankzahlung" (Bk.-Z.) hinzuzufügen.

§ 4.

Belehnungen.

Nach Schluß der Silber-Conten können von der Bank auf den Reichsmünzen-Conten die bisher zur Belehnung zugelassenen fremden Münzsorten, sowie Gold und Silber in Barren belehnt werden.

Die Bankdeputation erläßt hierüber, nachdem sie die Genehmigung

(Handelskammer.)

Werthverhältnisses, auszukehren. Eine Verpflichtung der Bank-Administration, Demjenigen, der ein Guthaben aus der Bank zieht, auf Verlangen Reichsgoldmünzen oder Thaler-Stücke zu geben, besteht jedoch einstweilen noch nicht.

§ 4.

Die Bank-Administration ist ermächtigt, bis zu einem von ihr zu bestimmenden Maximalbetrage, auch Gold in Barren und Sorten zur Fundirung eines Guthabens anzunehmen, und zwar je 1 Pfund feinen Goldes für 919²/₈ ℳBco, abzüglich (3 per Mille) für eventuelle Münzspesen, und gegen Entrichtung der allgemeinen Bankgebühr von ¹/₂ per Mille.

Wer auf diese Weise Gold in die Bank bringt, ohne hierfür speciell die Form der Belehnung zu wählen (§ 5), hat keinen Anspruch, beim Herausziehen seines Guthabens die Verabfolgung von Gold zu verlangen. Die Bank-Administration aber ist ermächtigt, das eingebrachte Gold für Kosten der Bank zu Reichsgoldmünzen ausprägen zu lassen, oder auch auf desfallsigen Wunsch Gold zu verabfolgen, jedes Pfund feinen Goldes zu 919²/₈ ℳBco gerechnet.

Die Bank-Administration ist ferner ermächtigt, nach dem jedesmaligen in der Bank vorhandenen Vorrath von Gold in Barren und Sorten, gegen Zuschreibung von je 919²/₈ ℳBco für das Pfund feinen Goldes an die Gold-Conto der Bank, Goldscheine in den der Verwaltung angemessen erscheinenden Appoints zu emittiren, gegen deren Wiedereinreichung das auf dem Scheine angegebene Quantum Gold in Barren oder Sorten in den

(Bürgerschaft.)

auf diesem Schein) beim Herausziehen eines entsprechenden Guthabens die Auszahlung in Reichsgoldmünze oder in Deutschen ²/₁ oder ¹/₁ Thaler-Stücken. Die Wahl zwischen diesen Münzsorten bleibt indeß dem Ermessen der Bank-Administration überlassen.

§ 4.

Alle Zahlungs-Verbindlichkeiten, welche auf Hamburger Bankvaluta oder Speciesbanco lauten, gleichviel wie ihr Ursprung und die Zeit ihrer Contrahirung sein mögen, sind vom Tage der Publicirung dieses Gesetzes an, nach dessen Bestimmungen zu erfüllen, und zwar durch Abschreiben in der Hamburger Bank, wofern nicht ein anderweiter Zahlungsmodus speciell vereinbart ist, in welchem Falle es hierbei sein Bewenden hat.

Für die auf Speciesbanco lautenden Zahlungsverbindlichkeiten ist wie bisher ein Aufschlag von 1⁵/₈ per Mille zu gewähren.

Das Münz-Edict von 1622 bleibt jedoch unverändert in Kraft.

§ 5.

Die Bank-Administration wird ermächtigt und beauftragt, unter Genehmigung des Senats, für Rechnung des eigenen Vermögens der Hamburger Bank und soweit dieses dazu ausreicht, den in Silberbarren vorhandenen Bankfonds (selbstverständlich mit Ausnahme der nach dem Inkrafttreten dieses Gesetzes belehnten Silberbarren (s. § 1) nach ihrem freien Ermessen bestmöglichst gegen Reichsgoldmünze oder Thaler des Dreißig-Thalerfußes umzutauschen. Sobald solcher Umtausch des gesammten betreffenden Fonds beschafft sein wird, ist dies von der Bank-Administration

(Senat.)

§ 5.

Officielle Cours- und Preisnotirungen.

Nach Eröffnung der Conten in Reichsmünze werden die officiellen Coursberichte und Preiscourante der Art abgefaßt, daß neben die Bancocourse und Preise die in Reichsmünze umgerechnete Notirung gesetzt wird, bis die Handelskammer es für thunlich erachtet, den Wegfall der betreffenden Banco-Notirung anzuordnen.

§ 6.

Bestimmung in Betreff der Hypotheken.

Bei der Convertirung von auf Banco oder Speciesbanco lautenden Hypotheken in Reichsmünze ist der Consens nachfolgender Hypothekgläubiger nicht erforderlich, wenn die Umrechnung in den Hypothekbüchern im Verhältniß von höchstens Crt. ℳ 50 oder Reichsmark 150 für je Bco ℳ 100 erfolgt.

§ 7.

Spätere Erfüllung der Banco-Verpflichtungen.

Nach Schluß der Silber-Conten sind alle noch laufenden Zahlungsverbindlichkeiten, welche auf Hamburger Banco oder Speciesbanco lauten, in Reichsgoldmünzen oder in Zwei- und Ein-Thaler-Stücken Deutschen Gepräges zu erfüllen und zwar nach dem jedesmaligen Courswerth von Silber al marco, wobei es für Speciesbanco bei dem Aufschlage von $1^5/_8$ per Mille und wegen des sogen. alten Geldes bei der Bestimmung des Münz-Edicts von 1622 sein Bewenden behält.

Der Umrechnungscours wird an

(Definitives.)

des Senats dazu eingeholt hat, die näheren Anordnungen.

§ 5.

Spätere Erfüllung der Banco-Verpflichtungen.

Nach Schluß der Silberconten sind alle noch laufenden Zahlungsverbindlichkeiten, welche auf Hamburger Banco oder Species-Banco lauten, gleichviel wie ihr Ursprung und die Zeit ihrer Contrahirung, durch Bankzahlung in Reichsgoldmünzen oder in Zwei- und Ein-Thaler-Stücken Deutschen Gepräges zu erfüllen und zwar nach dem festen Course von 150 ℳ Reichsmünze gleich 100 ℳ Bco, wobei es für Species-Banco bei dem Aufschlage von $1^5/_8$ per Mille und wegen des sogen. alten Geldes bei der Bestimmung des Münz-Edicts von 1622 sein Bewenden behält. Die vor dem 15. Februar 1873 oder am 15. Februar 1873 verfallenen, aber nach diesem Tage präsentirten Wechsel werden nach dem Thaler-Course des Verfalltages regulirt.

§ 6.

Transitorische Bestimmungen.

1. Während einer Uebergangsperiode, welche vom Eröffnungstage der Conten in Reichsmünze bis zum 15. Mai 1873 einschließlich läuft, können die Interessenten ihr Guthaben auf den Silber-Conton, ganz oder theilweise, auf ihre Reichsmünz-Conten übertragen lassen und zwar nach dem Verhältniß von 145 ℳ Reichsmünze für 100 ℳ alte Bankvaluta. Diese Uebertragungen sind nur als Belehnungen anzusehen.

Der übertragene Betrag kann während der Uebergangsperiode jeder-

(Handelskammer.)

Geschäftsstunden der Bank jeder Zeit sofort verabfolgt wird.

§ 5.

Die Belehnung von fremden Münzsorten kann auch ferner unter den von der Bank-Administration von Zeit zu Zeit bekannt zu machenden Bedingungen stattfinden.

§ 6.

Die Bank-Administration ist ermächtigt, die künftige allgemeine deutsche Rechnungseinheit der Mark, als zehnten Theils des Reichsgoldstückes zu 10 Mark (Dritteltthaler), von welchem 139½ Stück aus dem Pfunde feinen Goldes ausgebracht werden, in ihren Büchern und ihren Berechnungen durchweg in Anwendung zu bringen, bei welcher Convertirung das genaue Verhältniß von 59⅓ ℳ Bco gleich 90 Mark Reichsgeld oder 919⅔ ℳBco. gleich 1395 Mark Reichsgeld maßgebend sein wird.

Die Bank-Administration wird ohne Verzug die erforderlichen Vorbereitungen zur Einführung dieser neuen Rechnungsweise treffen und den Termin, von wo an dieselbe in den Büchern der Bank und für alle der Bank einzureichenden Aufgaben zur Anwendung kommen soll, zeitig bekannt machen.

§ 7.

Alle Zahlungsverbindlichkeiten, welche auf Hamburger Bankvaluta oder Species-Banco lauten, gleichviel wie ihr Ursprung und die Zeit ihrer Contrahirung sein mögen, sind vom Tage der Publicirung dieses Gesetzes an, nur nach Maßgabe der Bestimmungen desselben zu erfüllen, und müssen in gleicher Weise

(Bürgerschaft.)

bekannt zu machen und wird von da ab jedes Guthaben in Reichsgoldmünze (je 450 Mark Reichsgoldmünze für 300 ℳBco) oder in Thalern des Dreißig-Thalerfußes (je 150 Thaler für 300 ℳBco) verabfolgt.

(Senat.)

jedem Courstage von der Handelskammer festgesetzt und ist diese Notirung allemal für den Zeitraum vom nächstfolgenden Tage bis zum nächsten Courstage einschließlich maßgebend.

(Definitives.)

zeit ganz oder theilweise an das Silber-Conto zurückgeschrieben werden.

Mit dem Ablauf der Uebergangsperiode müssen alle Rückübertragungen stattgefunden haben, widrigenfalls die Bankverwaltung ermächtigt ist, das belehnte Silber für Rechnung des betreffenden Interessenten zu realisiren.

2. Während der Uebergangsperiode sind nur die Einleger von Reichsgoldmünzen und Thalern berechtigt, ihr Guthaben bis auf Höhe des von ihnen eingelegten Betrags in Reichsgoldmünzen oder Thalern herauszunehmen.

3. Während der Uebergangsperiode sollen weder für Einbringen noch für Herausnahme von Reichsgoldmünzen oder Thalern Spesen berechnet werden.

Gegeben in der Versammlung des Senats, Hamburg, den 11. November 1872.

angenommen werden, wofern nicht eine dem widersprechende ausdrückliche Vereinbarung über einen eventuellen anderweiten Zahlungsmodus stattgefunden hat, in welchem Falle es hierbei sein Bewenden hat.

Für die auf Species-Banco lautenden Zahlungsverbindlichkeiten ist wie bisher ein Aufschlag von $1^5/_8$ per Mille zu gewähren.

§ 8.

Die Bank-Administration wird ermächtigt und beauftragt, unter Genehmigung des Senats, für Rechnung des eigenen Vermögens der Hamburger Bank und soweit dieses dazu ausreicht, den in Silberbarren vorhandenen Bankfonds (selbstverständlich mit Ausnahme der nach dem Inkrafttreten dieses Gesetzes belehnten Silberbarren, s. § 1) nach ihrem freien Ermessen bestmöglich gegen Reichsgoldmünze oder Thaler des Dreißig-Thalerfußes Deutschen Gepräges oder Gold in Barren oder Sorten umzutauschen. Sobald solcher Umtausch des gesammten betreffenden Fonds beschafft sein wird, ist dies von der Bank-Administration bekannt zu machen und wird von da ab jedes Guthaben, wenn nicht von dem herausziehenden Interessenten Gold in Barren oder Sorten gewünscht wird und solches disponibel ist (s. § 4), nach dem Ermessen der Bank-Administration entweder in Reichsgoldmünze oder in Thalern des Dreißig-Thalerfußes verabfolgt werden.

Anlage VIII.

Bedingungen, unter welchen die Bank bis auf Weiteres auf Gold und Silber in Barren, sowie auf untenbenannte Goldmünzen belehnt.

---

1. Die Belehnung geschieht auf 1 Monat, von dem Tage gerechnet, an welchem Gold oder Silber in Barren, oder Goldmünzen in die Bank gebracht worden sind. Dieselbe behält sich jedoch auch während dieser Frist eine jederzeitige 3 tägige Kündigung vor.

Das Gesuch um Belehnung muß Tags zuvor bei dem Lehn-Buchhalter angemeldet werden.

2. Als Minimum des einzubringenden oder auszunehmenden Goldes oder Silbers in Barren oder Goldmünzen ist der Betrag von Rchs ℳ 15 000, nach dem Vorschusse berechnet, festgesetzt.

3. Die Bank leiht auf Gold in Barren von mindestens 900 Millièmes Feingehalt für das Kilogramm fein Rchs ℳ 2700, auf Holländische, Ungarische

und Hamburger Ducaten . . .	für	das	Kilogramm	Brutto	Rchs ℳ	2600
auf Sovereigns }	„	„	„	„	„	2400
„ Imperiale }	„	„	„	„	„	2400
„ Zwanzig-Francs-Stücke . .	„	„	„	„	„	} 2350
„ auf Nordamerikanische Eagles	„	„	„	„	„	
„ Doublonen, Span. Gepräges	„	„	„	„	„	2300
„ Silber in Barren	„	„	„	fein	„	165

und kürzt bei deren Einbringung die auf 1/12 % für jeden Monat bestimmten Zinsen.

4. Im Falle einer gewünschten Prolongation muß zwei Tage vor Verfall bei den Bankbürgern angefragt werden, ob der Termin der Belehnung verlängert werden könne oder nicht.

5. Wird die Prolongation der Belehnung zugestanden, so müssen die Zinsen dafür sofort mit 1/2 % für jeden Monat an die Administrations-Conto der Bank abgeschrieben werden.

6. Versäumt der Anleiher die rechtzeitige Einlösung des Pfandes, so ist die Bankdeputation befugt, das Unterpfand ohne weitere gerichtliche Schritte für Rechnung des Einlegers öffentlich oder unter der Hand zu realisiren.

7. Sollte Jemand seine von der Bank belehnten Gold- oder Silberbarren oder Goldmünzen auf einen Anderen übertragen wollen, so muß derselbe und der neue Anleiher eine solche Uebertragung in dem dazu bestimmten Buche eigenhändig unterschreiben oder durch ihre Bank-Bevollmächtigten unterschreiben lassen. Eine andere Art der Uebertragung wird nicht anerkannt.

8. Die eingelegten Barren oder Münzen werden für Rechnung und Gefahr des Einlegers in dem Locale der Bank gelagert.

9. Das Wägen geschieht bei Goldbarren oder Goldmünzen auf 1/1000 Kilogramm, bei Silber in Barren auf 5/1000 Kilogramm.

10. Beim Einbringen ist zu entrichten:

für das Wägen der Barren oder Beutel, je . . .	0,30 Rchsℛ
„ die Arbeiter der Bank pr. Barren oder Beutel .	0,15 „
„ neue Beutel pr. Stück	0,30 „

11. Beim Herausnehmen der Pfänder muß nach Aufgabe des Lehn-Buchhalters der Betrag vorher an die Lehn-Conto abgeschrieben werden, und sind außerdem für jeden Barren oder Beutel 0,15 Rchsℛ an die Arbeiter der Bank zu zahlen.

12. Die von dem Bank-Wardein herauszuschlagende und von ihm zurückzuhaltende Probe darf von jedem Goldbarren 2/1000 Kilogramm, von jedem Silberbarren 8/1000 Kilogramm wägen; außerdem erhält derselbe für das Probiren pr. Goldbarren 2,40 Rchsℛ, pr. Silberbarren 1,20 Rchsℛ.

13. Jeder, der zum ersten Male Gold oder Silber in Barren oder Goldmünzen einbringt, hat diese Bedingungen im Zimmer der Bankbürger zu unterschreiben.

Das Comptoir der Lehn-Bank ist von 11 bis 4 Uhr, das Wägezimmer von 9 bis 3 Uhr geöffnet.

Hamburg, Januar 20. 1874.

Quellen-Verzeichniß.

1. Klefeker: Sammlung der Hamburgischen Gesetze und Verfassungen 2c. Bd. I (Hamburg 1765), VI (1768), XII (1773).
2. Klefeker: Sammlung Hamburgischer Mandate. Bd. I (Hamburg 1763).
3. Büsch: Ueber Banken und Münzen; aus sämmtl. Schriften, Bd. VI u. VII (Wien 1815).
4. C. N. Pehmöller: Geschichtl. Darstellung der Ereignisse, welche während der Blockade in Folge der Verfügungen des franzöf. Gouvernements die Hamburgische Bank betroffen haben (Hamburg 1814).
5. Poschinger: Bankgeschichte des Königr. Bayerns, 2. Lieferung: Bankgeschichte der Reichsstadt. Nürnberg (Erlangen 1873).
6. Soetbeer: Die Hamburger Bank, eine geschichtl. Skizze, Volkswirthschaftl. Vierteljahresschrift 1866 III u. 1867 II.
7. Soetbeer: Ueber Hamburgs Handel. Bd. I (Hamburg 1840).
8. Soetbeer: Denkschrift über Hamburgs Münzverhältnisse (Hamburg 1846).
9. (Soetbeer:) Denkschrift, betr. die Einführung der Gold-Währung in Deutschland mit besonderer Rücksicht auf die Hamburger Bank-Valuta (Hamburg 1856).
10. Soetbeer: Beiträge und Materialien zur Beurtheilung von Geld- und Bankfragen mit besonderer Rücksicht auf Hamburg (Hamburg 1855).
11. (Soetbeer:) Die Frage der Deutschen Münzeinheit mit besonderer Rücksicht auf Hamburg und Bremen. Für den Deutschen Handelstag als Manuscript gedruckt (Heidelberg 1861).
12. (Soetbeer:) Die Hamburger Bank-Valuta in ihren Beziehungen zur allgemeinen Deutschen Münzreform (Hamburg 1872).
13. (H. Geffcken:) Zur Bankfrage I u. II (Hamburg 1856).
14. Kurze Beleuchtung der Brochüre zur Bankfrage (Hamburg 1856).
15. Adolph Wagner: Theorie der Peel'schen Bankacte (1862). S. 279-301.
16. Adolph Wagner: System der Zettelbankpolitik, 2. Aufl. (Freiburg 1873).
17. Hamburgische Börsenhalle, Jahrg. 1846, 1856—58, 1865, 1871—76.

18. Hamburger Handelsarchiv Bd. I u. II, 1857—69.
19. Neues Hamburger Handelsarchiv v. 1869—78.
20. Verhandlung des ersten Deutschen Handelstages zu Heidelberg (Berlin 1861). S. 31—46 u. 97—100.
21. An den hohen Bundesrath des Deutschen Reiches, Eingabe des bleibenden Ausschusses des Deutschen Handelstages betr. die Münzreform v. 17. Oct. 1871.
22. Verhandlungen des Reichstags 1871, Stenogr. Berichte Bd. III. S. 317 ff.
23. Weibezahn: Der Hamburger Währungswechsel (Bremen 1872).
24. Verhandlungen der vom Hamburgischen Kaufmannsconvent zur Prüfung der Valuta-Frage niedergesetzten Commission (Hamburg 1865).
25. Verhandlungen der Hamburger Bürgerschaft, 1867, 1872, 1873, 1875.
26. Mittheilungen des Senats an die Bürgerschaft und der Bürgerschaft an den Senat, 1872, 1873, 1875.
27. Ausschußberichte der Bürgerschaft.
28. Zur Währungs- und Bankfrage von einem Fachmann (Hamburg 1872).
29. Say: Rapport sur le Payement de l'Indemnité de Guerre (Paris 1874).
30. Verhandlungen des Deutschen Reichstags.
31. Tabellarische Uebersichten des Hamburgischen Handels (Hamburg 1856 bis 1890). (35 Bde.)
32. Jahresberichte der Norddeutschen Bank 1856—1890.
33. Jahresberichte der Vereinsbank 1856—1890.
34. Jahresberichte der Commerz- und Disconto-Bank 1870—1890.
35. Jahresberichte der Deutschen Bank.
36. Jahresbericht der Preußischen Bank 1875.
37. Die Gesetzgebung des Deutschen Reiches, herausgeg. v. Dr. Ernst Pezold, 2. Theil, Bd. I, deutsche Münz- und Bankverfassung, erläutert v. Dr. Adolph Soetbeer. (Erlangen 1881.)
38. Etwa 20 Copieen von Eingaben, Petitionen ꝛc. der Handelskammer an einzelne Behörden in der Bank- und Währungsfrage (Manuscript).
39. Formulare der Instruktionen betr. Obliegenheiten der Bankbürger (Hamburg 1854), Bankzettel, Cheks, Vollmachten, Regulativen, Bekanntmachungen der Bankdeputation, Eid des Bankbürgers, Etat der Bank, Bankbuchfolien, Vollmachtbuchfolien u. a. m.
40. Schriftliche und mündliche Mittheilungen Soetbeer's, der Hamburger Bankdirectoren, des letzten Bankbürgers, Herrn Lembcke, des Directors der Hamburger Bank, Herrn Eckstein u. a. m.

Aus Sammelwerken und juristischen Quellen.

41. Savary: Dictionnaire universel du commerce, Bd. I S. 227 u. 28 (Paris 1723).
42. Roscher: Nationalökonomik des Handels und Gewerbefleißes, 4. Aufl. (Stuttgart 1883). S. 218, 286 ff.

43. Handwörterbuch der Staatswissenschaften, Bd. II. Nasse, die Banken im Mittelalter und bis zum 17. Jahrhundert ꝛc. (Jena 1890).
44. Handbuch der politischen Oekonomie, herausgeg. v. G. Schönberg, Bd. I, S. 435 u. 36, 2. Aufl. (Tübingen 1885).
45. O. Hübner: Die Banken (Leipzig 1854).
46. Weiske, Rechtslexikon für Juristen aller teutschen Staaten, enth. die gesammte Rechtswissenschaft, I. Bd. (Leipzig 1839). S. 589—93.
47. M. Pöhls: Darstellung des gemeinen Deutschen u. d. Hamburg. Handelsrechts f. Juristen u. Kaufleute, I. Bd., Allgem. Theil (Hamburg 1828). S. 303—25.
48. H. Baumeister: Das Privatrecht der freien und Hansestadt Hamburg, I. Bd., S. 303—7. (Hamburg 1854).
49. Asher: Hamb. Monatsschr. f. Politik u. Handel: über einige bei Bankzahlungen vorkommende streitige Rechtsfragen, Heft 1 u. 3. (Hamburg 1834).

Druck der Norddeutschen Buchdruckerei, Berlin SW., Wilhelmstr. 32.